なぞって
書いて 覚える!
公民
ポスター

しくみ図をもとに,
それぞれの役割や
関係性, 流れをしっ
かりおさえよう。

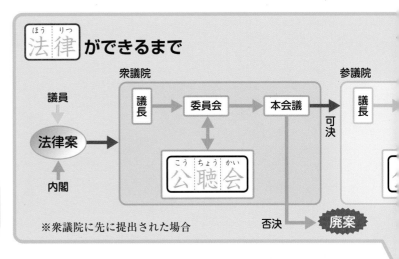

法律ができるまで

衆議院　　　　　　　　　　　　　　　　参議院

議員 → 法律案 → 議長 → 委員会 → 本会議 → 可決 → 議長

内閣

公聴会

※衆議院に先に提出された場合

否決 → 廃案

国会のしくみ

国会の地位
① 国権 の最高機関
② 唯一の 立法 機関
③ 国民の代表機関

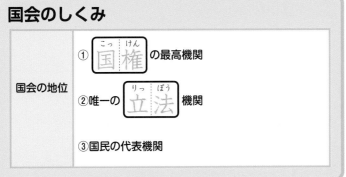

議院内閣制のしくみ

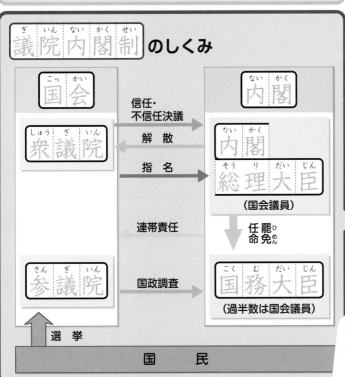

国会

衆議院

参議院

信任・不信任決議
解散
指名

連帯責任

国政調査

選挙

内閣

内閣
総理大臣
(国会議員)

任命 罷免

国務大臣
(過半数は国会議員)

国　民

三権分立のしくみ

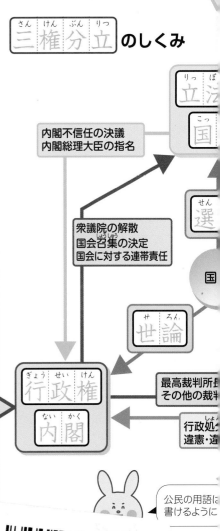

立法
国

内閣不信任の決議
内閣総理大臣の指名

選

衆議院の解散
国会召集の決定
国会に対する連帯責任

国

世論

行政権
内閣

最高裁判所長
その他の裁判

行政処分
違憲・違

公民の用語は
書けるように

JN047422

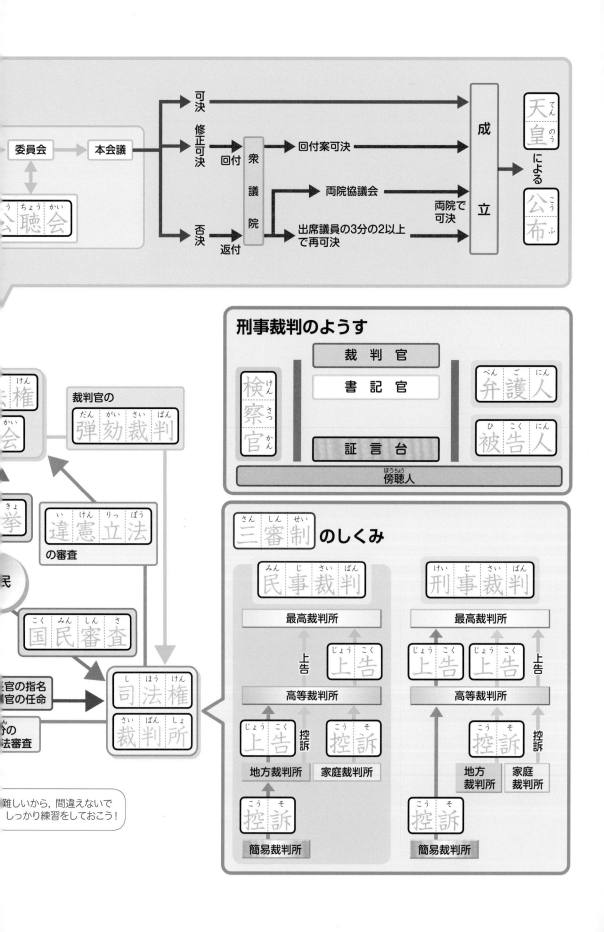

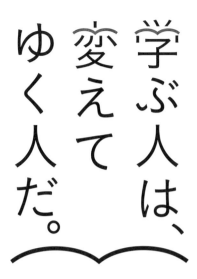

学ぶ人は、
変えて
ゆく人だ。

目の前にある問題はもちろん、

人生の問いや、

社会の課題を自ら見つけ、

挑み続けるために、人は学ぶ。

「学び」で、

少しずつ世界は変えてゆける。

いつでも、どこでも、誰でも、

学ぶことができる世の中へ。

旺文社

とってもやさしい

中学公民

これさえあれば

授業がわかる

改訂版

旺文社

は じ め に

　この問題集は，社会が苦手な人にとって「やさしく」社会の勉強ができるように作られています。

　中学校の社会を勉強していく中で，社会科用語が覚えられない，グラフや地図などたくさんの資料が出てきて難しい，と感じている人がいるかもしれません。そういう人たちが基礎から勉強をしてみようと思ったときに手助けとなる問題集です。

　『とってもやさしい中学公民　これさえあれば授業がわかる　改訂版』では，本当に重要な内容にしぼり，それらをていねいにわかりやすく解説しています。また，1単元が2ページで，コンパクトで学習しやすいつくりになっています。

　左のまとめのページでは，図解やイラストを豊富に用いて，必ずおさえておきたい重要なことがらだけにしぼって，やさしく解説しています。

　右の練習問題のページでは，学習したことが身についたかどうか，確認できる問題が掲載されています。わからないときはまとめのページを見ながら問題が解ける構成になっていますので，自分のペースで学習を進めることができます。

　この本を1冊終えたときに，みなさんが公民のことを1つでも多く「わかる！」と感じるようになり，「もっと知りたい！」と思ってもらえたらとてもうれしいです。みなさんのお役に立てることを願っています。

株式会社　旺文社

本書の特長と使い方

1単元は2ページ構成です。左のページで学習内容を理解したら、右のページの練習問題に取り組みましょう。

◆左ページ

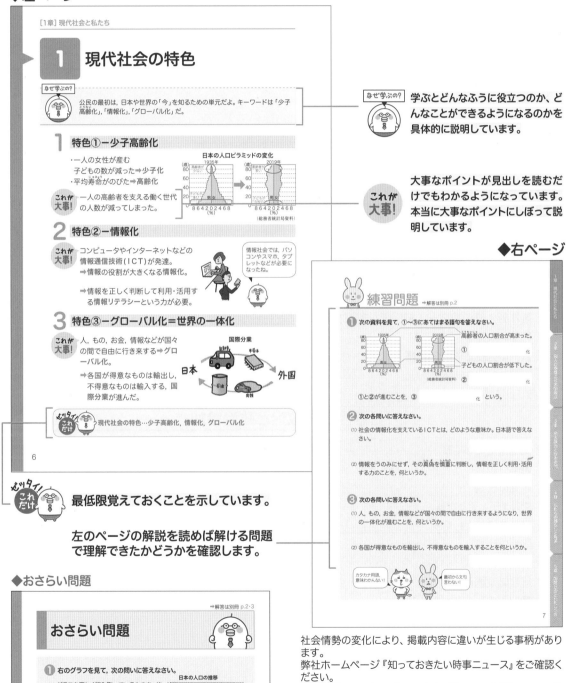

なぜ学ぶの？　学ぶとどんなふうに役立つのか、どんなことができるようになるのかを具体的に説明しています。

これが大事！　大事なポイントが見出しを読むだけでもわかるようになっています。本当に大事なポイントにしぼって説明しています。

◆右ページ

ぜッタイ！これだけ　最低限覚えておくことを示しています。

左のページの解説を読めば解ける問題で理解できたかどうかを確認します。

◆おさらい問題

章末のおさらいです。問題を解くことで，章全体の学習内容が身についているかどうかしっかり確認できます。

社会情勢の変化により、掲載内容に違いが生じる事柄があります。
弊社ホームページ『知っておきたい時事ニュース』をご確認ください。
https://www.obunsha.co.jp/pdf/support/jiji_news.pdf

4章　私たちの暮らしと経済

5章　国際社会と私たち

スタッフ
編集協力：有限会社 編集室ビーライン　校正：須藤みどり, 小田嶋永, 東京出版サービスセンター
本文デザイン：TwoThree　カバーデザイン：及川真咲デザイン事務所（内津剛）
組版：株式会社 インコムジャパン　本文イラスト：福田真知子（熊アート）, アサミナオ
写真協力：p.20・21 読売新聞 / アフロ, p.98 AP/ アフロ

Web上でのスケジュール表について

下記にアクセスすると1週間の予定が立てられて、ふり返りもできるスケジュール表（PDFファイル形式）をダウンロードすることができます。ぜひ活用してください。

https://www.obunsha.co.jp/service/toteyasa/

1 現代社会の特色

なぜ学ぶの？

公民の最初は，日本や世界の「今」を知るための単元だよ。キーワードは「少子高齢化（こうれいか）」，「情報化」，「グローバル化」だ。

1 特色①－少子高齢化

・一人の女性が産む
子どもの数が減った➡少子化
・平均寿命（じゅみょう）がのびた➡高齢化

これが大事！ 一人の高齢者を支える働く世代の人数が減ってしまった。

日本の人口ピラミッドの変化

1935年
（歳）
高齢者が少ない
80
60
40
20
子どもが多い　男女
0
8 6 4 2 0 2 4 6 8
（%）

2019年
（歳）
高齢者が多い
80
60
40
20
子どもが少ない　男女
0
8 6 4 2 0 2 4 6 8
（%）
（総務省統計局資料）

2 特色②－情報化

これが大事！ コンピュータやインターネットなどの**情報通信技術（ICT）**が発達。
➡情報の役割が大きくなる**情報化**。

➡情報を正しく判断して利用・活用する**情報リテラシー**という力が必要。

情報社会では，パソコンやスマホ，タブレットなどが必要になったね。

3 特色③－グローバル化＝世界の一体化

これが大事！ 人，もの，お金，情報などが国々の間で自由に行き来する➡**グローバル化**。

➡各国が得意なものは輸出し，不得意なものは輸入する，**国際分業**が進んだ。

国際分業

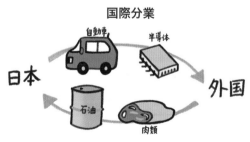

日本　自動車　半導体　外国　石油　肉類

ゼッタイ！これだけ

現代社会の特色…少子高齢化，情報化，グローバル化

練習問題 →解答は別冊 p.2

❶ 次の資料を見て，①〜③にあてはまる語句を答えなさい。

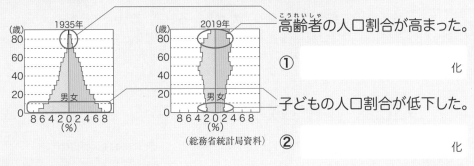

（総務省統計局資料）

高齢者（こうれいしゃ）の人口割合が高まった。

① ［　　　　　　　　　　］化

子どもの人口割合が低下した。

② ［　　　　　　　　　　］化

①と②が進むことを，③ ［　　　　　　　　　　］化 という。

❷ 次の各問いに答えなさい。

(1) 社会の情報化を支えているICTとは，どのような意味か。日本語で答えなさい。

［　　　　　　　　　　］

(2) 情報をうのみにせず，その真偽（しんぎ）を慎重（しんちょう）に判断し，情報を正しく利用・活用する力のことを，何というか。

［　　　　　　　　　　］

❸ 次の各問いに答えなさい。

(1) 人，もの，お金，情報などが国々の間で自由に行き来するようになり，世界の一体化が進むことを，何というか。

［　　　　　　　　　　］

(2) 各国が得意なものを輸出し，不得意なものを輸入することを何というか。

［　　　　　　　　　　］

カタカナ用語，意味わかんない！

最初から文句言わない！

2 生活と文化／現代社会の見方・考え方

なぜ学ぶの?

私たちが生きる社会を成り立たせているもの，それは文化だよ。また，人間は，社会の中でなければ生きていけない存在だ。文化と社会について，もう少しくわしくみてみよう。

1 文化は，社会を成り立たせている

これが大事!

・文化…人間がつくり上げてきた，生活のしかたや社会のしくみなどのすべて。

文化の代表的な分野には，**科学**，**芸術**，**宗教**がある。

日本のおもな年中行事

1月	2月	3月	4月	5月	7月	8月	9月	11月	12月
初詣	節分	ひな祭り 彼岸（ひがん）	花まつり	端午の節句（たんごのせっく）	七夕（たなばた）	お盆（ぼん）	彼岸	七五三	大みそか

これが大事!

・伝統文化…長い歴史の中で受け継がれてきた文化
➡日本の**年中行事**，地域の祭りなど。

四季の移り変わりや仏教に関係の深い行事が多いね。

2 社会ときまり－対立を合意へ

これが大事!

人間は**社会集団**の中で生きる**社会的存在**。社会で生じた**対立**を，**合意**をもとに**きまり（ルール）**をつくり，解決する。

家族は基礎的な社会集団だね。日本の家族は，夫婦のみ，夫婦と子，一人親と子の核家族世帯（かく）が多いよ。

きまりをつくるときには**効率**と**公正**の考え方を基準にする。決定のしかたには**全会一致**と**多数決**がある。

対立	大勢の人が納得できる方法。	合意
効率	無駄（むだ）がないかどうか。	
公正	公平で正しいかどうか。	

ぜッタイ! これだけ

①文化…社会を成り立たせているもの
②日本の伝統文化…年中行事など
③対立を合意へ…効率と公正を基準にする

練習問題 →解答は別冊 p.2

① 次の図の①・②にあてはまる語句を答えなさい。

① ［　　　　　　　　　　］…社会のしくみや生活のしかたなど, 人間
　　　　　　　　　　　　　　　がつくり上げてきたもののすべて。

代表的な分野 ── 科学

　　　　　── ② ［　　　　　　　　　　　　］…絵画, 音楽, 文学など

　　　　　── 宗教…仏教, キリスト教, イスラム教など

② 次の①～④にあてはまる年中行事を, あとから選んで答えなさい。

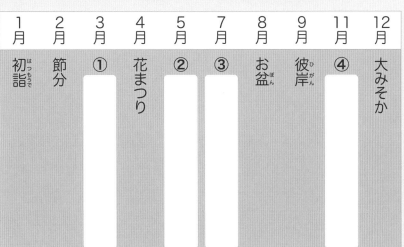

1月	2月	3月	4月	5月	7月	8月	9月	11月	12月
初詣	節分	①	花まつり	②	③	お盆	彼岸	④	大みそか

豆まき
やりたい！

　七五三　　端午の節句　　ひな祭り　　七夕

③ 次の各問いに答えなさい。

(1) 人間は, 家族や学校, 職場などの社会集団の
中で生きることから, 何といわれているか。

［　　　　　　　　　　　　］

その他の世帯
9.5%

夫婦のみ
20.2%

一人世帯
34.5%

計 5333万
世帯
(2015年)

夫婦と子
26.9%

一人親と子
8.9%

(2020/21年版「日本国勢図会」)

(2) 右のグラフの ［　　］ にあてはまる家族を
何というか。

［　　　　　　　　　　　　］

おさらい問題

① **右のグラフを見て，次の問いに答えなさい。**

(1) グラフを正しく読み取っているものを，次のア～エから1つ選び，記号で答えなさい。

日本の人口の推移

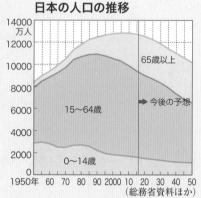

(総務省資料ほか)

ア 1950年に最も人口が多いのは，0～14歳である。

イ 日本の人口が最も多くなったのは，1980～1990年の期間である。

ウ 2015年ごろから，0～14歳の人口は減り続け，15～64歳の人口は増え続けると予想されている。

エ 2050年には65歳以上の人口は，0～14歳の人口の約3倍になると予想されている。

(2) グラフの0～14歳の人口の割合と，65歳以上の人口の割合の変化から，日本の人口構成は，（　　　）化が進んでいることがわかる。（　　　）にあてはまる語句を答えなさい。

化

② **次の問いに答えなさい。**

(1) コンピュータなどで接続し，世界的な規模で情報のやりとりができる情報通信網を何というか，答えなさい。

(2) 情報通信網を支えている技術のことを何というか，次のア～エから1つ選び，記号で答えなさい。
ア ICT　　イ AI　　ウ POS　　エ GPS

(3) 情報通信網の発達などに支えられて進んだ，世界が一体化する傾向を何というか，答えなさい。

❸ 次の問いに答えなさい。

(1) 右の①〜④は，それぞれ何月に行われる年中行事か，答えなさい。

① [   ] 月　② [   ] 月

③ [   ] 月　④ [   ] 月

七五三

(2) 年中行事をはじめ，長い歴史の中で受け継がれてきた文化を，何というか。

[   ]

❹ 次の文を読んで，あとの問いに答えなさい。

> 　人間は，ⓐ家族や学校，職場などの社会集団に属し，一人では生きていくことはできないことから，社会的存在といわれる。
> 　社会では，人々の考え方の違いから，しばしば ⓑ が生じる。そのため， ⓑ を解消するためのきまり（ルール）を，人々の ⓒ のもとでつくっていくことが必要になる。その際，労力や時間，お金の使い方に無駄がないかという ⓓ や，手続きや機会，結果が不当でないかという ⓔ の考え方の両方をみたしていることが望ましい。

(1) 下線部ⓐについて，日本の家族構成の割合を示した右のグラフで核家族世帯が占める割合は何%か，答えなさい。

[   ] %

(2) ⓑ〜ⓔにあてはまる語句を，次のア〜エから1つずつ選び，記号で答えなさい。

ア 効率　　イ 対立　　ウ 公正　　エ 合意

その他の世帯 9.5%
夫婦のみ 20.2%
一人世帯 34.5%
計 5333万世帯（2015年）
夫婦と子 26.9%
一人親と子 8.9%

（2020/21年版「日本国勢図会」）

ⓑ [   ]　ⓒ [   ]　ⓓ [   ]　ⓔ [   ]

1 人権思想の発達

なぜ学ぶの?

私たちが日常生活を営んでいけるのは，私たち一人ひとりが持つ人権が守られているからだ。ふだんは気にすることの少ない人権という考え方が，いつごろ生まれたのかを知ろう。

1 人権思想は，ロック，モンテスキュー，ルソーが確立

人は，だれにも侵されない，自由・平等でいられる権利を持っている。これを**基本的人権 (人権)** という。

これが大事! ▶ ロック，モンテスキュー，ルソーらの思想家が人権思想を確立した。

ロック（イギリス）抵抗権を唱えた。	モンテスキュー（フランス）三権分立を主張。	ルソー（フランス）人民主権を唱えた。

2 人権思想は，自由権・平等権から社会権へ発展

- **自由権・平等権**…17世紀のイギリスの権利章典，18世紀のアメリカ独立宣言，フランスの人権宣言などで保障された。
- **社会権**…人間らしい生活の保障を国に求める権利として，20世紀のドイツの**ワイマール憲法**に採用された。

> **フランス人権宣言**(1789年)
> 第1条　人は，自由かつ権利において平等なものとして生まれ，存在する。
> 第3条　あらゆる主権の源は，本来的に国民にある。
>
> 人民主権　自由権・平等権

これが大事! ▶ 人権思想は，**自由権・平等権**の保障から，**社会権**の確立へと発展した。

1946年に制定された日本国憲法は，自由権，平等権，社会権などを基本的人権として保障しているよ。

> **ワイマール憲法**(1919年)
> 第151条　経済生活の秩序は，すべての者に人間たるに値する生活を保障する目的を持つ正義の原則に適合しなければならない。…
>
> 社会権

ゼッタイ! これだけ
① 人権思想の確立…ロック，モンテスキュー，ルソーら
② 人権思想の発展…自由権・平等権から，社会権へ

練習問題 →解答は別冊 p.3

❶ 人権獲得のあゆみについて,次の問いに答えなさい。

(1) **年表のA**の宣言に影響を与えた,抵抗権を唱えたイギリスの思想家を答えなさい。

(2) **年表のB**にあてはまる宣言を答えなさい。

年表

年代	人権に関するできごと
1215	マグナカルタ (イギリス)
1689	権利章典 (イギリス)
1776	独立宣言 (アメリカ) …………A
1789	B (フランス)
1889	大日本帝国憲法発布 (日本)
1946	C 公布 (日本)

(3) **年表のC**にあてはまる憲法の名称を答えなさい。

(4) 三権分立を唱えたフランスの思想家の名前を答えなさい。

❷ 次の文を読んで,あとの問いに答えなさい。

基本的人権,
種類多すぎ!

> 人権には権力者からの(①)を求める権利である(①)権や人間らしく生きる権利である(②)権などがあり,人々は長い歴史の中で人権を獲得してきた。(②)権は20世紀になって世界で初めてドイツの(③)で保障された。

(1) ①・②にあてはまるものを,次の**ア〜エ**から1つずつ選び,記号で答えなさい。
 ア 平等 **イ** 自由 **ウ** 社会 **エ** 平和

① ②

(2) ③にあてはまる憲法の名称を答えなさい。

2 日本国憲法と大日本帝国憲法

なぜ学ぶの?

日本ってどんな国? これを定めている文書がある。それが憲法だよ。日本の憲法にはどんな特色があるか, みてみよう。

1 憲法は国の最高法規

これが大事! 憲法は国の基本を定めた**最高法規**。

これが大事! 憲法で政治権力を制限しようとする考え方を**立憲主義**という。政治は人の支配でなく**法の支配**で行われなければならない。

法の構成

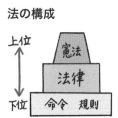

上位の法に反する内容の法をつくることはできないんだよ!

2 日本国憲法の三大原則

これが大事! 日本国憲法は, **国民主権**, **基本的人権の尊重**, **平和主義**を三大原則とする。

日本国憲法
- **国民主権**…国民の政治のあり方を最終的に決める主権が, 国民にある。
- **基本的人権の尊重**…人が生まれながらにして持っている権利が保障される。
- **平和主義**…戦争を放棄(ほうき)して, 平和を守る。

3 日本国憲法と大日本帝国憲法

主権者や国民の権利の規定が大きくちがうね。

大日本帝国憲法(ていこく)		日本国憲法
1889年発布	制定	1946年11月3日公布, 1947年5月3日施行(しこう)
天皇	主権者	国民
神聖で侵(おか)すことができない	天皇	日本国と日本国民統合の象徴(しょうちょう)
法律によって制限	国民の権利	基本的人権として保障

ゼッタイ! これだけ

①憲法…国の**最高法規**。立憲主義…憲法で政治権力を制限

②日本国憲法の三大原則…**国民主権**, **基本的人権の尊重**, **平和主義**

練習問題 ➡解答は別冊 p.3・4

❶ 次の問いに答えなさい。

(1) 右の図の**X**にあてはまる法を何というか。

上位／下位

X …最高のきまり
法律 …国会が定める
命令, 規則 …内閣や省庁などが定める

(2) 国民がつくった**X**で, 国王や君主, 政府が持つ政治権力を制限し, 人権を保障するという考え方を何というか。

(3) 次の表の**A～C**にあてはまる語句をそれぞれ答えなさい。

大日本帝国憲法		日本国憲法
1889年発布	制定	**A** 公布,1947年5月3日施行
B	主権者	国民
神聖で侵すことができない	天皇	日本国と日本国民統合の象徴
法律によって制限	国民の権利	**C** として保障

A _____ B _____

C _____

❷ 次の①～③の日本国憲法の三大原則の内容としてあてはまるものを, あとのア～ウから1つずつ選び, 記号で答えなさい。

① 国民主権　② 基本的人権の尊重　③ 平和主義

ア 戦争を放棄して, 平和を守る。
イ 国民が政治のあり方を最終的に決める。
ウ 人が生まれながらに持っている権利が保障される。

① _____　② _____　③ _____

日本国憲法の三大原則, 間違えないで言える?

3 国民主権と憲法改正

なぜ学ぶの？

日本国憲法の三大原則の1つ，国民主権は，「国の政治の主人公は国民」ということだよ。また，日本国憲法の内容は，国民の許可なく勝手に変えることはできない。国の政治を決めるのは，わたしたち国民なんだ。

1 国民主権－主権は国民にある

・国民主権…国の政治のあり方を最終的に決める権力が国民にあること。

国の政治は私たち国民が決めます！

・天皇…日本国と日本国民統合の象徴（しょうちょう）。国事行為（こうい）を行う。

これが大事！ 日本国憲法は，国民に主権があり，天皇は象徴であると定めている。

2 憲法改正は，国会が発議し，国民投票で決める

・憲法改正の発議（はつぎ）は国会が行う。その際，2つの議院で総議員の3分の2以上の賛成が必要。
・国民投票で過半数の賛成があれば改正案が成立。

これが大事！ 憲法の改正は，国会による発議→国民投票の手順で行われる。

憲法改正案は，総議員の3分の2以上の賛成が得られないときは，廃案（はいあん）になるね。

①国の政治を決める主権は国民にある（国民主権）。天皇は象徴
②憲法改正…国会が発議→国民投票で国民の賛否を問う

練習問題 ➡解答は別冊 p.4

❶ 国民主権と天皇について，次の問いに答えなさい。

(1) 日本国憲法の三大原則の1つである，国の政治のあり方を最終的に決める権力が国民にあることを，何というか。

(2) 日本国憲法で，天皇の地位は日本国と日本国民統合の何であると定められているか，答えなさい。

(3) 天皇が行う儀礼的・儀式的な行為を何というか，答えなさい。

❷ 右の資料を見て，次の問いに答えなさい。

(1) 資料中の**A**にあてはまる語句を答えなさい。

資料　憲法改正の流れ

議員提案 ┃ 衆(参)議院 国会 参(衆)議院
憲法改正案 ⟶ 提出 ┃ 総議員の **B** の賛成　総議員の **B** の賛成 ⟶ 改正の発議(はつぎ) ⟶ 過半数の賛成 **A** ⟶ 国民の承認 **C** ⟶ 公布
内閣提案 ┃ ┃ 国民

(2) 資料中の**B**にあてはまる割合を，次の**ア〜ウ**から1つ選び，記号で答えなさい。
　　ア 3分の1以上　　**イ** 2分の1以上　　**ウ** 3分の2以上

(3) 資料中の**C**にあてはまる語句を答えなさい。

憲法を改正するまで，複雑すぎない？

安易に改正できないようにしているんだよ。

4 平和主義

なぜ学ぶの? 日本国憲法は「平和憲法」ともよばれる。そのわけは，恒久の平和を願うとうたった前文と，戦争をしない，戦力は持たない，国には戦争をする権利がない，と定めた第9条があるからだよ。これは，太平洋戦争を反省して定められたんだ。

1 日本国憲法の平和主義ー前文と第9条

これが大事!
- 日本国憲法は，前文で「恒久の平和」を願う。
- 第9条で，戦争の放棄，戦力の不保持，交戦権の否認を定める。

前文
…日本国民は，恒久の平和を念願し，人間相互の関係を支配する崇高な理想を深く自覚するのであつて，平和を愛する諸国民の公正と信義に信頼して，われらの安全と生存を保持しようと決意した。…

第9条
①日本国民は，正義と秩序を基調とする国際平和を誠実に希求し，国権の発動たる戦争と，武力による威嚇又は武力の行使は，国際紛争を解決する手段としては，永久にこれを放棄する。
②前項の目的を達するため，陸海空軍その他の戦力は，これを保持しない。国の交戦権は，これを認めない。

2 自衛隊と日米安全保障条約

これが大事!
- 自衛隊…日本の防衛をおもな目的とする組織。
- 日米安全保障条約…他国からの攻撃に対して日米が共同で対処することを定める。

自衛隊については，政府は「『自衛のための必要最小限度の実力』であり，憲法でいう戦力ではない」との立場をとっているけど，「戦力を持たない」とする平和主義に反するという意見もあるんだよ。

3 世界平和と日本ー非核三原則・平和維持活動（PKO）

- 非核三原則…核兵器を「持たず，作らず，持ちこませず」。
- 国連の平和維持活動（PKO）…自衛隊が参加。

ゼッタイ!これだけ
①日本国憲法の平和主義…前文と第9条
②自衛隊…日本の防衛がおもな目的

練習問題 →解答は別冊 p.4

❶ 次の日本国憲法の条文を読んで，あとの問いに答えなさい。

> ① …国権の発動たる（　**A**　）と，武力による威嚇又は武力の行使は，国際紛争を解決する手段としては，永久にこれを（　**B**　）する。
> ② 前項の目的を達するため，陸海空軍その他の（　**C**　）は，これを保持しない。国の（　**D**　）は，これを認めない。

(1) 条文中の**A～D**にあてはまるものを，次の**ア～エ**から1つずつ選び，記号で答えなさい。
ア 戦力　　**イ** 放棄　　**ウ** 交戦権　　**エ** 戦争

A ☐　　　B ☐　　　C ☐　　　D ☐

(2) 条文は日本国憲法第何条の条文か，数字で答えなさい。

第 ☐ 条

❷ 平和主義について，次の問いに答えなさい。

(1) 日本の防衛のためにつくられた組織を何というか，答えなさい。

☐

(2) 日本が他国からの攻撃に対処するためにアメリカ合衆国と結んでいる条約を何というか，答えなさい。

☐

(3) 次の ☐ にあてはまる語句を答えなさい。
非核三原則… ☐ を，「持たず，作らず，持ちこませず」

平和がいちばん！

その通り！

5 基本的人権の尊重 〜個人の尊重と平等権

なぜ学ぶの?

私たち一人ひとりが生まれながらに持つ権利が基本的人権だ。その土台となるのが，個人の尊重と平等権だよ。これは，一人ひとりが個性を持ったかけがえのない人間として，平等にあつかわれるという重要な考え方だ。

1 基本的人権の土台ー個人の尊重と平等権

・**基本的人権**…すべての人が生まれながらに持つ権利。

 これが大事!

個人の尊重と**平等権**が保障されなければ，基本的人権はそこなわれてしまう。

自由権 社会権 参政権など

個人の尊重と平等権

基本的人権には，平等権，自由権，社会権，参政権などがあるんだね。

・**平等権**…平等にあつかわれ，差別を受けない権利。

これが大事!

法の下（もと）**の平等**…人種や性別などで差別されない。

日本国憲法第14条① すべて国民は，**法の下に平等**であつて（つ），人種，信条，性別，社会的身分又（また）は門地（もんち）により，政治的，経済的又は社会的関係において，差別されない。

2 差別解消のための法律や制度

・女性差別…**男女雇用機会均等法**（こよう），**男女共同参画社会基本法**など。
・障がい者差別…障害者差別解消法→**バリアフリー**の推進，**インクルージョン**の実現。
・アイヌ民族への差別…アイヌ民族支援法で**アイヌ民族**を日本の**先住民族**と明記する。

バリアフリーの例

ゼッタイ! これだけ

①基本的人権の土台…**個人の尊重と平等権**

②**法の下の平等**…差別的なあつかいを禁止

練習問題 →解答は別冊 p.4・5

❶ 次の問いに答えなさい。

(1) 右の図の ☐☐☐ にあてはまる人権は何か，答えなさい。

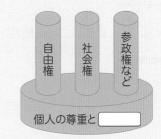

自由権　社会権　参政権など

個人の尊重と ☐☐☐

(2) 次の日本国憲法の条文の**A・B**にあてはまる語句を，あとの**ア〜エ**から1つずつ選び，記号で答えなさい。

> すべて国民は，（　**A**　）の下に平等であつて，人種，信条，性別，社会的身分又は門地により，政治的，経済的又は社会的関係において，（　**B**　）されない。
>
> （日本国憲法　第14条①）

ア 尊重　　**イ** 法　　**ウ** 差別　　**エ** 国家

A ☐☐☐　　B ☐☐☐

❷ 差別の解消について，次の問いに答えなさい。

(1) 右の写真のように，車いすの人でも快適に暮らせるように，障壁を取り除くことを何というか。

☐☐☐

宿題フリーにならないかな…

(2) 古くから北海道を中心に住み，2019年，法律に日本の先住民族であると明記された民族を何というか。

☐☐☐

かつては，その伝統や文化が否定された時期もあったんだよ。

6 基本的人権の尊重～自由権

なぜ学ぶの？

人権って何だろう？　これを考えるときに，いちばんわかりやすいのが，人間が自由に生きる権利，自由権だ。どれもあたりまえのことのように思われるけど，憲法で保障されている大切な人権だよ。

1 自由権①－精神の自由

・精神の自由…自由にものを考え，自由に自分の意見を発表できる権利。

これが大事！
・思想および良心の自由
・信教の自由
・集会・結社・表現の自由
・学問の自由

信教の自由が保障されているので，どんな宗教を信じてもいいし，また，信じなくてもいいんだよ。

2 自由権②－生命・身体の自由

・生命・身体の自由…正当な理由もなく，身体を拘束（こうそく）されたりしない権利。

これが大事！
・奴隷的拘束（どれい）および苦役（くえき）からの自由
・法定手続きの保障
・拷問（ごうもん）や残虐（ざんぎゃく）な刑罰の禁止など

逮捕（たいほ）や処罰（しょばつ）は，法律の定める手続きにそって行われる。これが法定手続きの保障だよ。

3 自由権③－経済活動の自由

・経済活動の自由…好きな場所に住み，自由に職業を選び，自分の財産を持つことができる権利。

これが大事！
・居住・移転および職業選択（せんたく）の自由
・財産権の保障

将来は，国会議員か，裁判官になるぞ！

じゃあ，オレは無職で。

ゼッタイ！これだけ
自由権…精神の自由，生命・身体の自由，経済活動の自由

練習問題 ➡解答は別冊 p.5

❶ 次の①〜③の自由権をそれぞれ何というか，答えなさい。

① 自由にものを考え，自由に意見を発表できる権利。

　　　　　　　　　　　　　　　　　　の自由

② 正当な理由がなく身体を拘束(こうそく)されない権利。

　　　　　　　　　　　　　　　　　　の自由

③ 自由に住む場所や職業を選び，自分の財産を持つことができる権利。

　　　　　　　　　　　　　　　　　　の自由

❷ 次のA〜Dの権利について，あとの問いに答えなさい。

> **A** 働いてためた預金を自分で使う権利
> **B** 自分の意思に反して強制的に働かされない権利
> **C** 政府を批判(ひはん)する考えを自由に主張する権利
> **D** 性別や社会的身分などによって差別されない権利

権利いっぱいで，
お腹いっぱい！

(1) A〜Dのうち，自由権にあてはまらないものを1つ選び，記号で答えなさい。

(2) A〜Dのうち，①思想・良心の自由，②財産権にあてはまるものを1つずつ選び，記号で答えなさい。

そろそろ一休み
する？

①　　　　　　　②

7 基本的人権の尊重〜社会権

なぜ学ぶの?

着るものがない, 食べるものがない, 住む場所がない。これでは, 人間らしい生活はできないね。人間らしい生活を送る権利が, 社会権だ。

1 社会権①ー生存権

・**生存権**…社会権の基本になる権利で, だれもが人間らしい生活を送る権利。

これが大事!

日本国憲法第25条①
…すべて国民は, 健康で文化的な最低限度の生活を営む権利を有する。

生存権を保障するための社会保障制度の整備は, 国の責務とされているよ。

2 社会権②ー教育を受ける権利

・**教育を受ける権利**…人間らしく生きるために必要な教育を受ける権利。

↓

憲法により, 小中学校の9年間の義務教育は**無償**。

義務教育の期間の教科書は, 無償で支給されるんだね。

3 社会権③ー勤労の権利と労働基本権

・**勤労の権利**…人間らしい生活を安定して送るために働く権利。

これが大事! 働く人には**労働基本権(労働三権)**が認められている。

労働基本権
団結権…労働組合をつくる権利。
団体交渉権…労働組合が労働条件の改善を求めて, 使用者と交渉する権利。
団体行動権(争議権)…要求を通すためストライキなどの団体行動をする権利。

ゼッタイ! これだけ
社会権…生存権, 教育を受ける権利, 勤労の権利・労働基本権

練習問題 →解答は別冊 p.5

❶ 次の日本国憲法の条文を読んで，あとの問いに答えなさい。

> すべて国民は，　A　で　B　的な最低限度の生活を営む権利を有する。
>
> （日本国憲法　第25条①）

(1) 条文の**A・B**にあてはまるものを，次の**ア～オ**から1つずつ選び，記号で答えなさい。

ア 裕福（ゆうふく）　**イ** 健康　**ウ** 自由　**エ** 平等　**オ** 文化

A　　　　　B

(2) 条文で保障されている権利は，社会権のうちの何という権利か，答えなさい。

❷ 社会権について，次の文中のA～Cにあてはまるものを，あとのア～オから1つずつ選び，記号で答えなさい。

> すべての国民は，人間らしく生きるのに必要な知識や技術を得るために，（　A　）を受ける権利を持っており，これを保障するために憲法では，小中学校の9年間を無償（むしょう）と定めている。
>
> すべての国民は，人間らしい生活を安定して送るために（　B　）の権利を持っている。
>
> 働く人の権利を守るための労働基本権（労働三権）の1つとして，労働組合をつくる（　C　）権が認められている。

ア 教育　**イ** 団結　**ウ** 平等　**エ** 勤労　**オ** 団体行動

A　　　　　B　　　　　C

教科書って，ただだったんだ。

25

8 基本的人権の尊重 〜人権保障を実現する権利

なぜ学ぶの？

人権保障は，ひとりでに実現されるものではない。一人ひとりが政治に関心を持って参加することが大事なんだ。人権保障を実現する権利が，参政権と請求権だ。

1 人権保障を実現する権利①－参政権

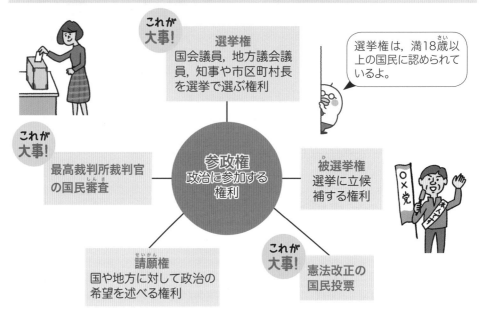

これが大事！
選挙権
国会議員，地方議会議員，知事や市区町村長を選挙で選ぶ権利

選挙権は，満18歳以上の国民に認められているよ。

これが大事！
最高裁判所裁判官の国民審査

参政権
政治に参加する権利

被選挙権
選挙に立候補する権利

請願権
国や地方に対して政治の希望を述べる権利

これが大事！
憲法改正の国民投票

2 人権保障を実現する権利②－請求権

これが大事！ 裁判を受ける権利

請求権
人権が侵害されたときに救済を求める権利

国家賠償請求権
公務員の不法行為で損害を受けたときに，国や地方公共団体に賠償を求める権利

刑事補償請求権
裁判で無罪になったときに国に補償を求める権利

ゼッタイ！これだけ 人権保障を実現する権利…参政権と請求権

練習問題 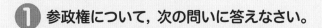 ➡解答は別冊 p.5・6

❶ 参政権について，次の問いに答えなさい。

(1) 国民が，国会議員や地方議会議員，都道府県知事や市区町村長を選挙で選ぶ権利を何というか。

(2) (1)の権利が認められているのは，満何歳以上の人か。

満 　　　　　歳以上

(3) 国民審査の対象となるものを，次の**ア〜エ**から1つ選び，記号で答えなさい。

ア 国会議員　　　　　　**イ** 地方議会議員
ウ 都道府県知事　　　　**エ** 最高裁判所の裁判官

(4) 国や地方に対し，政治についての希望を述べる権利を何というか。

❷ 請求権について，次のA〜Cにあてはまるものを，あとのア〜ウから1つずつ選び，記号で答えなさい。

> **A** 自由や権利が侵害されたときは，裁判所に訴えて救済を受けることができる。
> **B** 公務員の不法行為で損害を受けたときは，国や地方公共団体に賠償を求めることができる。
> **C** 裁判で無罪になったとき，国に対して補償を求めることができる。

ア 刑事補償請求権　　**イ** 国家賠償請求権　　**ウ** 裁判を受ける権利

A 　　　　　　B 　　　　　　C

裁判所にうったえてやる！って言ってみたい。

9 新しい人権

なぜ学ぶの？

日本国憲法は制定されてから70年以上が経ち，いちども改正されていない。その間，社会も大きく変化して，憲法には規定のない人権保障が必要になってきた。そのために，新しい人権のための法律や制度がつくられているよ。

1 新しい人権の種類

これが大事！　・知る権利
国民が，政府などが持っている情報の公開を求める権利。➡情報公開法や情報公開制度

これが大事！　・プライバシーの権利
個人の私生活についての情報を他人から守る権利。➡個人情報保護法

これが大事！　・環境権（かんきょう）
良好な環境で生活する権利。
　┗➡開発や大規模な工事が環境に与える影響（えいきょう）を事前に調査・評価する**環境アセスメント（環境影響評価）**の実施（じっし）。

日が差さない　建物の形状を変更　日が差す

環境権は，生存権と関係が深い人権だ。

これが大事！　・自己決定権
自分の生き方や生活のしかたについて自由に決定する権利。
　┗➡病状や治療方法（ちりょう）について，医師から十分な説明を受けた上で，同意する**インフォームド・コンセント**。

ゼッタイ！これだけ　新しい人権…知る権利，プライバシーの権利，環境権，自己決定権

練習問題 ➡解答は別冊 p.6

❶ 新しい人権について，次の問いに答えなさい。

(1) 次の①・②の権利を何というか，答えなさい。
　　① 政府などが持っている情報を手に入れる権利。

　　② 個人の私生活についての情報を他人に知られないようにする権利。

(2) 右の**資料**は，まわりに住む人々のどのような権利
に配慮(はいりょ)がされているものなのか，次の**ア〜エ**から
1つ選び，記号で答えなさい。
　ア 環境権(かんきょう)　　　**イ** 自己決定権
　ウ 自由権　　　**エ** 知る権利

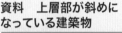

資料　上層部が斜めに
なっている建築物

❷ 次の問いに答えなさい。

(1) 自己決定権と関係の深いものを，次の**ア〜エ**から1つ選び，記号で答えな
さい。
　ア 個人情報保護法　　　**イ** 環境アセスメント
　ウ 情報公開制度　　　　**エ** インフォームド・コンセント

(2) 次の文は，新しい人権のうちどのような権利が侵害(しんがい)された例なのか，答え
なさい。

> 　SNSの掲示板(けいじばん)に，自分の知らない間に，自分の住所や名前などが
> 書き込まれた。

えらいことになったな…

10 公共の福祉と国民の義務

 なぜ学ぶの?
日本国憲法が権利を保障してくれているからといっても, 他人の権利を侵すような行為は許されない。権利と権利の衝突を調整するための考え方を, 公共の福祉というよ。また, 憲法は, 国民の義務を定めているよ。

1 公共の福祉とは, 社会全体の共通の利益のこと

これが大事!
・公共の福祉…社会全体の利益。
公共の福祉に反する場合, 人権が制限されることもある。

公共の福祉により人権が制限される例

他人の名誉を傷つける行為の禁止 ⇔表現の自由	公共事業による土地の収用 ⇔財産権の保障	感染症による隔離 ⇔居住・移転の自由

 日本国憲法は, 国民の権利は公共の福祉に反しない限り, 最大限に尊重されると定めているよ。

2 国民の義務

子どもに普通教育を受けさせる義務
保護する子どもに普通教育を受けさせなければならない。

勤労の義務
働かなければならない。

納税の義務
税金を納めなければならない。

 ゼッタイ! これだけ
①公共の福祉…公共の福祉に反する人権は, 制限されることもある
②国民の義務…子どもに普通教育を受けさせる, 勤労, 納税の3つ

練習問題 ➡解答は別冊 p.6

❶ 次の日本国憲法の条文を読んで，あとの問いに答えなさい。

> すべて国民は，個人として尊重される。生命，自由及び幸福追求に対する国民の権利については，　**A**　に反しない限り，立法その他の国政の上で，最大の尊重を必要とする。
>
> （日本国憲法　第13条）

(1) 条文中の**A**にあてはまる，社会全体の共通の利益を意味する語句を答えなさい。

(2) 条文に基づいて，次の文で示した内容で，制限されているのは，自由権のうちのどのような自由か，あとの**ア〜ウ**から1つ選び，記号で答えなさい。

> 住宅が密集して建ち，道路が狭く，火事が発生したときに消防車が進入できないことを住民が心配していた。そのため，道路を広げるためにいくつかの住宅を壊し，土地を提供することになった。

ア 精神の自由　　**イ** 生命・身体の自由　　**ウ** 経済活動の自由

❷ 国民の義務について，次の①・②の文のA・Bにあてはまる語句をそれぞれ漢字2字で答えなさい。

① すべての保護者は，子どもに普通　**A**　を受けさせなければならない。

② すべての国民は，その経済状態に応じて　**B**　の義務がある。

A　　　　　　　　　　B

宿題って，国民の義務みたいなものだなあ…

11 国際社会の中の人権

なぜ学ぶの?

人権は, だれもが生まれながらに持っている権利だから, どの国に生まれても等しく保障されるはず。日本だけでなく, 国際社会の人権保障はどうなっているか, 知ることが大事だよ。

1 人権保障の国際的な広がり

これが大事! 世界人権宣言 (1948年)
・国際連合総会で採択。
・世界的な人権保障のために, 各国が守るべき基準を示している。

これが大事! 国際人権規約 (1966年)
・国際連合総会で採択。
・世界人権宣言に法的な拘束力を持たせ, 加盟国が守るべき義務を定めている。

さらに

国際連合が中心になって, 国際的な人権保障を進めているんだ。

・難民条約 (1951年)   ・人種差別撤廃条約 (1965年)
・障害者権利条約 (2006年)

・児童 (子ども) の権利条約 (1989年)
　子どもの権利…生きる権利, 育つ権利, 守られる権利, 参加する権利

これが大事! ・NGO (非政府組織)…民間の人々が, 人権などの分野で国境をこえて活動。

ゼッタイ! これだけ
①国際的な人権保障…世界人権宣言, 国際人権規約
②NGO (非政府組織)…国際的な人権保障などのために活動

練習問題 →解答は別冊 p.6・7

❶ 国際社会の中の人権保障について，次の問いに答えなさい。

(1) 右の文書は，国際連合が1948年に採択した宣言の一部である。これを何というか，答えなさい。

> 第1条　すべての人間は，生れながらにして自由であり，かつ，尊厳と権利について平等である。人間は，理性と良心とを授けられており，互いに同胞の精神をもって行動しなければならない。

(2) (1) の宣言に法的拘束力を持たせるために，1966年に国際連合が採択したものを何というか。

(3) 国際連合が1989年に採択し，次の子どもの権利を保障している条約を何というか。

| 生きる権利 | 育つ権利 | 守られる権利 | 参加する権利 |

私も，国際的に守られているんだ。

❷ 人権保障や環境の分野で，国境をこえて活動している民間の組織を何というか，アルファベットの略称で答えなさい。

A，B，C，D……
……zzz……

2章はもうすぐ終わるよ。

おさらい問題

1 次の文を読んで，あとの問いに答えなさい。

> 人が生まれながらに持つ人権は，ⓐ長い歴史の中でその保障が実現されてきた。この人権獲得（かくとく）の努力の成果をとり入れて制定されたのがⓑ日本国憲法である。

(1) 下線部ⓐについて，人民主権を主張したフランスの思想家を，次の**ア〜ウ**から1つ選び，記号で答えなさい。
　　ア モンテスキュー　　**イ** ロック　　**ウ** ルソー

(2) 下線部ⓑについて，次の問いに答えなさい。
① 日本国憲法が施行（しこう）された年月日を，次の**ア〜エ**から1つ選び，記号で答えなさい。
　　ア 1941年12月8日　　**イ** 1945年8月15日
　　ウ 1946年11月3日　　**エ** 1947年5月3日

② 右の条文が明らかにしている，日本国憲法の三大原則の1つは何か，答えなさい。

> 第1条　天皇は，日本国の象徴（しょうちょう）であり日本国民統合の象徴であつて，この地位は，主権の存する日本国民の総意に基く（もとづく）。

③ 憲法改正を発議するのは 　　　　 である。 　　　　 にあてはまるものを，次の**ア〜エ**から1つ選び，記号で答えなさい。
　　ア 国民　　**イ** 天皇　　**ウ** 裁判所　　**エ** 国会

④ 日本国憲法第9条で，持たないと定められているものを，次の**ア〜ウ**から1つ選び，記号で答えなさい。
　　ア 核兵器（かく）　　**イ** 自衛隊　　**ウ** 陸海空軍などの戦力

❷ **基本的人権についてまとめた右の図を見て, 次の問いに答えなさい。**

(1) Aについて, 障がいを持つ人でも社会の中で
普通に暮らせるようにすることを何というか。

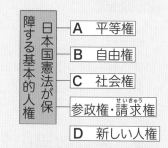

(2) Bのうち, 経済活動の自由にあてはまるものを,
次のア～エから1つ選び, 記号で答えなさい。
ア 信教の自由　　　イ 奴隷的拘束からの自由
ウ 思想・良心の自由　エ 職業選択の自由

(3) Cのうち, ① を受ける権利と ② の権利については, 義務であ
るとも定めている。①・②にあてはまる語句の組み合わせとして正しいものを,
次のア～エから1つ選び, 記号で答えなさい。
ア ①－裁判　　②－納税　　イ ①－裁判　　②－勤労
ウ ①－教育　　②－納税　　エ ①－教育　　②－勤労

(4) Dのうち, 個人が自分の生き方や生活のしかたについて自由に決める権利
を何というか。

(5) 基本的人権は, 社会全体の利益に反する場合は, 制限されることもある。
この社会全体の利益のことを, 日本国憲法は何と表現しているか, 答えな
さい。

(6) Eについて, 国際連合が1966年に採択し, 加盟国に人権保障を義務づけ
ている条約を何というか。

1 民主政治のしくみ

  多くの人の話し合いで決まるのが民主主義の政治だよ。民主政治は，日本国憲法のところで学習した国民主権が前提なんだ。民主政治では，最終的な決定は多数決によるけど，少ない意見も尊重することが大切だね。

1 民主政治の2つの方法

・民主政治…全員で話し合って決定する政治。

⬇

・民主政治は，国民が政治のあり方を最終的に決める国民主権が前提である。民主政治には，**直接民主制**と**間接民主制**がある。

これが大事!

民主政治	直接民主制	人々が直接話し合いに参加する
	間接民主制 (議会制民主主義)	代表者を選挙で選び，代表者が集まって議会をつくり，話し合いで決める

 日本など多くの国では，国民が選挙で代表者を選び，代表者による議会で話し合って決める間接民主制をとっているよ。

2 多数決でも，少数意見は尊重する

	話し合い	採決	多数決の原理
意見の対立 ➡	賛成の意見 反対の意見 ➡	賛成…多数 反対…少数 ➡	賛成が多数 ↓ 賛成に決定

少数意見の尊重が大切 **これが大事!**

ゼッタイ! これだけ

①民主政治の方法は，**直接民主制**と**間接民主制**がある
②多くの国は**間接民主制**を採用している
③**多数決**の原理で決めるが，**少数意見**の尊重が大切

練習問題 →解答は別冊 p.7・8

① 民主政治について，次の問いに答えなさい。

(1) 民主政治の方法のうち，次の**A・B**の方法をそれぞれ何というか。

A 人々が直接話し合いに参加する。

B 選挙で選ばれた代表者が集まって議会をつくり，議会で話し合って決める。

(2) 日本をはじめ多くの国で採用されている民主政治の方法は，(1)の**A・B**のうちのどちらか，記号で答えなさい。

② 次の文を読んで，あとの問いに答えなさい。

> あるクラスで文化祭の企画を話し合い，**X**案と**Y**案が出された。30人の生徒のうち，**X**案に賛成が21人，**Y**案に賛成が9人で，a採決の末，**X**案がクラスの企画に決定した。また，| b | の尊重をはかるため，**Y**案の一部が取り入れられた。

(1) 文中の下線部**a**は，何という原理に基づいて決まったか，答えなさい。

(2) 文中の | b | にあてはまる語句を答えなさい。

いつも少数意見だ。よほどヘソマガリなんだろうか…

2 選挙

なぜ学ぶの？

日本国憲法の三大原則の1つ，国民主権の原則のもとで，選挙は国民が主権を行使し，政治に参加する重要な機会だよ。民主的な選挙の原則や選挙制度は，将来，選挙権を持つみんなに知っておいてほしいことなんだ。

1 選挙の4原則

これが大事！

・**民主的な選挙の原則**…普通選挙・平等選挙・直接選挙・秘密選挙。

・日本で普通選挙が実現したのは第二次世界大戦後。

普通選挙	平等選挙	直接選挙	秘密選挙
一定の年齢に達したすべての国民は選挙権を持つ。	一人1票の投票権を持つ。	選挙権を持つ人が代表者を直接選出する。	無記名で投票し，誰に投票したか知られない。

2 選挙制度

小選挙区制	比例代表制
1つの選挙区から一人の代表を選出。	政党の得票数に応じて議席を配分。

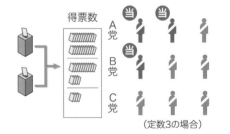

（定数3の場合）

これが大事！

衆議院議員選挙は小選挙区制と比例代表制を組み合わせた方法で実施されている。

この方法を小選挙区比例代表並立制というんだ。参議院議員選挙は，選挙区制と比例代表制で行われているよ。

ゼッタイ！これだけ

①民主的な選挙の原則…**普通選挙・平等選挙・直接選挙・秘密選挙**
②衆議院議員選挙…**小選挙区制と比例代表制を組み合わせた方法で実施**

練習問題 ➡️解答は別冊 p.8

❶ 民主的な選挙の原則について，次の①〜④をそれぞれ何といいますか。

① 一定の年齢に達したすべての国民が選挙権を持つ。

② 一人1票の投票権を持つ。

③ 選挙権を持つ人が直接選ぶ。

④ 自分の名前を書かずに投票する。

❷ 衆議院議員選挙について，次の問いに答えなさい。

(1) 衆議院議員選挙のうち，289人は，全国の289の選挙区から，それぞれ最も得票が多かった一人だけが選出されている。この制度を何というか。

(2) 衆議院議員は，(1)のほか，右の図のような方法で選ばれている。この方法を何というか。

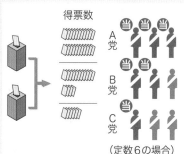

得票数

A党 当当当

B党 当当

C党 当

（定数6の場合）

担任の先生も選挙で選びたいなあ…

満18歳になれば選べるよ（ウソ）。でも，そのときはもう中学生じゃないけどね。

3 政党の役割

なぜ学ぶの?

自由民主党や日本共産党という名前を聞いたことはあるかな? これら政党は, 政治について同じ考えを持つ人たちが政策を実現するためにつくる団体だよ。選挙には, 個人だけでなく, 政党にも投票できる選挙があることは, 前に学習したね。

1 政党－同じ考えを持つ人たちがつくる

これが大事!

・政党…政治について同じ考えを持つ人がつくる。

↓

政策や理念を実現することをめざす。

公約はマニフェストともいうね。

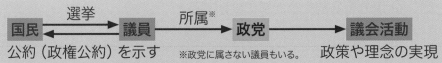

| 国民 | 選挙 | 議員 | 所属※ | 政党 | | 議会活動 |

国民 ←選挙→ 議員 ―所属※→ 政党 ――――→ 議会活動
公約（政権公約）を示す　　※政党に属さない議員もいる。　政策や理念の実現

2 政党政治－与党は政権を担当, 野党は監視

これが大事!

・**与党**…内閣を組織し, 政権を担当する政党。
・**野党**…与党以外の政党。内閣を批判・監視する。

複数の政党が協力して連立政権をつくる場合もあるんだ。与党が政権を担うけど, 監視する野党の役割も重要だよ。

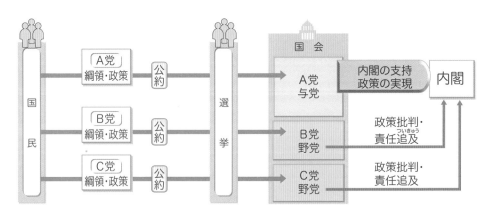

①政党…理念や政策を実現するため, 同じ考えの人がつくる団体
②政党政治…政権を担当する政党が**与党**, 政権を監視する政党が**野党**

練習問題 →解答は別冊 p.8・9

❶ 次の問いに答えなさい。

(1) 政治で実現したい理念や政策について同じ考えを持つ人たちがつくる団体を何というか。

(2) (1)は選挙に際して，実現をめざす政策などをまとめた何を有権者に提示するか，答えなさい。

❷ 次の図を見て，あとの問いに答えなさい。

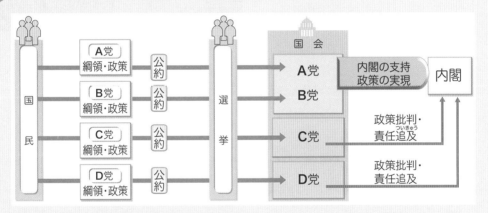

(1) 政権を担当するA党やB党を何というか。

(2) A・Bの複数の政党で成り立っている政権を何というか。

(3) 図中のC党やD党を何というか。

与(よ)党だか野(や)党だか分からない政党を，ゆ党と呼ぶのってホント？

4 マスメディアと世論

なぜ学ぶの?

民主政治は世論（多くの人々の意見）に基づく政治ともいう。選挙が最も重要な政治参加の機会だけど，政府は世論の動きも重視しなければならないんだ。その世論を形づくるのに，大きな役割を果たしているのがマスメディアだ。

1 世論－多くの人々が共有する意見

これが大事!

・世論…社会の様々な問題について，多くの人々に共有されている意見。

> マスメディアは，支持する政策や政党などに関する世論調査を行っているよ。

マスメディアは世論を形成する力を持っている。

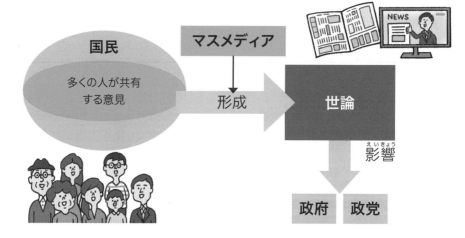

国民
多くの人が共有する意見

マスメディア

形成

世論

影響（えいきょう）

政府　政党

2 マスメディアとメディアリテラシー

これが大事!

・マスメディア…不特定多数に情報を伝達する新聞・テレビ・ラジオ・雑誌など。

マスメディアやインターネットは常に信頼（しんらい）できるとは限らない。

> 最近は，インターネットの利用が急増しているね。

これが大事!

情報を批判的・客観的に読み取る**メディアリテラシー**が求められる。

ゼッタイ! これだけ

①世論…多くの人々が共有する意見のこと
②マスメディア…世論形成に力を発揮する
　　→私たちは**メディアリテラシー**を持つ必要がある

練習問題 ➡解答は別冊 p.9

❶ 次の問いに答えなさい。

(1) 次の文中の ☐ にあてはまる語句を
答えなさい。

　右のグラフは，あるテレビ局が行った
☐ 調査に基づく内閣支持率の変化
を示したものである。

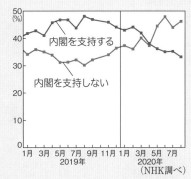

(2) 内閣支持率の結果を報道したテレビや，内閣に対する国民の意見などを
掲載（けいさい）した新聞などをまとめて何というか。

❷ 次の文を読んで，あとの問いに答えなさい。

> 　人々はaマスメディアや ☐ b の流す情報に基づいて，考えをま
> とめたり判断したりしている。しかし，その情報が常に信頼（しんらい）できるとは
> 限らない。したがって，私たちはc情報を無批判に受け入れるのでは
> なく，様々な視点から読み取る力を身につける必要がある。

(1) 下線部aにあてはまらないものを，次の**ア〜ウ**から1つ選び，記号で答え
なさい。
　ア ラジオ　　　**イ** 手紙　　　**ウ** 雑誌

(2) 文中の ☐ b には，コンピュータなどによる大規模な通信網（もう）を意味する
語句があてはまる。これを何というか，カタカナで答えなさい。

(3) 下線部cを何というか。

クラスメイトに宇宙人がい
るという情報を信じたオレ
はリテラシーがなかった…

5 国会の地位としくみ

日本国憲法は，国会を「国権の最高機関」としているよ。これは，国会が，主権を持つ国民が選挙を通して直接選んだ国会議員で構成されるからなんだ。

1 国会は立法権を持つ

これが大事！

・国会の地位…国会は「**国権の最高機関**」で，「**唯一の立法機関**」。

国会だけが**法律**を制定することができる。

2 国会は衆議院と参議院からなる

これが大事！

衆議院と参議院は，定数・任期・被選挙権などが異なっているよ。特に任期と解散は衆議院の優越と関係するよ。

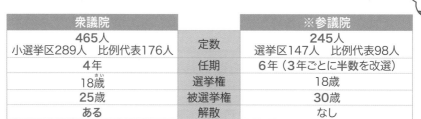

・国会の構成…衆議院と参議院の二院制。

衆議院		※参議院
465人 小選挙区289人　比例代表176人	定数	245人 選挙区147人　比例代表98人
4年	任期	6年（3年ごとに半数を改選）
18歳	選挙権	18歳
25歳	被選挙権	30歳
ある	解散	なし

※参議院は2022年から248人（選挙区148人，比例代表100人）となる。

3 国会の種類は4つ

これが大事！

・国会の種類…**常会や特別会**などがある。

常会(通常国会)	毎年1回，1月中に召集。次の年度の**予算**を審議
臨時会(臨時国会)	**内閣**が必要と認めたときなどに召集
特別会(特別国会)	解散による衆議院議員総選挙の日から30日以内に召集
参議院の緊急集会	衆議院解散中に緊急の必要があるときに内閣が召集

①国会…国権の最高機関，唯一の立法機関
②国会…衆議院と参議院の二院制

練習問題 →解答は別冊 p.9・10

❶ 次の問いに答えなさい。

(1) 日本国憲法は，国会を何の最高機関と定めているか，答えなさい。

(2) 国会だけが法律を制定できることから，日本国憲法は国会を何と定めているか，答えなさい。

❷ 次の①〜⑥のうち，衆議院にあてはまるものはA，参議院にあてはまるものはB，どちらにもあてはまるものはCを答えなさい。

① 選挙権は18歳以上である。　② 3年ごとに半数が改選される。

③ 解散がある。　　　　　　　④ 被選挙権は30歳以上である。

⑤ 定数は465人である。　　　⑥ 小選挙区制と比例代表制で選出される。

❸ 次の①・②の国会をそれぞれ何というか。

① 衆議院解散後に総選挙が実施された日から30日以内に召集される。
② 毎年1回，1月中に召集され，主に次の年度の予算の審議が行われる。

①　　　　　　　　　②

解散した後，どうなるの？　まさか再結成とか…

衆議院が解散した後は衆議院議員総選挙が行われるよ。

45

6 国会の仕事

なぜ学ぶの?

国会は, 国民が選んだ議員で構成される。その国会で何をしているのかを知ろう。国会は多くの仕事を行っていて, 最も重要なのは法律の制定だよ。その法律の制定をはじめ, いくつかの国会の仕事では, 衆議院の決定が優先されるんだ。

1 国会の仕事と衆議院の優越

衆議院は参議院より任期が短く, 解散もあるので, 民意をより反映すると考えられている。そのため, 衆議院の優越が認められているよ。

これが大事! 国会は**法律の制定**が最重要の仕事。

国会の仕事

法律の制定	予算の議決	**これが大事!**
法律を定める	内閣が提出した予算を議決する。衆議院が先に審議	
条約の承認	内閣総理大臣の指名	**衆議院の優越**
内閣が結んだ条約を承認する	国会議員の中から内閣総理大臣を指名する	**衆議院の議決が優先**
弾劾裁判所の設置	憲法改正の発議	
裁判官をやめさせるかどうか裁判する	各議院の総議員の3分の2以上の賛成	
国政調査権の行使		
資料の提出や証人の喚問などを要求		

内閣不信任の決議	内閣不信任案を可決または否決する。衆議院だけが行う

2 法律制定の流れ

委員会で細かく審議され, ※**公聴会**が開かれることもある。 ※予算や重要な法律案の審議のときに開かれる。

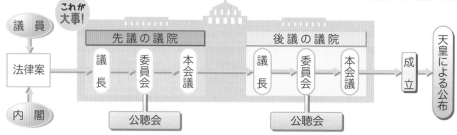

ゼッタイ! これだけ

①国会の最も大切な仕事…**法律の制定**
②法律の制定…法律案の議決で**衆議院の優越**が認められている
③法律案…議長→委員会→本会議の流れで審議・議決

練習問題 →解答は別冊 p.10

1 国会の仕事について，次の問いに答えなさい。

(1) 次の①〜③の文は，国会の仕事を説明したものである。各文中の**A〜C**に
あてはまる語句をそれぞれ答えなさい。

① 内閣が作成して提出した法律案や | **A** | を議決する。

② 国会議員の中から | **B** | を指名する。

③ 重大なあやまちのあった裁判官をやめさせるかどうかを判断するため，
| **C** | を設置する。

A

B　　　　　　　　　　　　　　　C

(2) 衆議院の優越が認められているものはどれか，次の**ア〜ウ**から1つ選び，
記号で答えなさい。

ア 条約の承認　　　**イ** 憲法改正の発議　　　**ウ** 国政調査権の行使

**2 次の図は，法律ができるまでの流れを示しています。図中のA・Bにあて
はまる語句をそれぞれ答えなさい。**

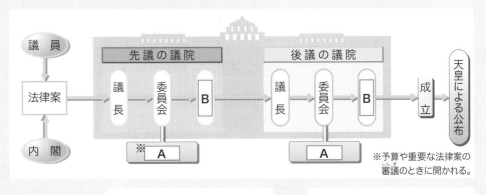

A 　　　　　　　　　　　　　　B

なぜ，わざわざ委員会
で審議するのかな。手
間がかかりすぎだろ。

議員にはそれぞれ得意な分野があ
るからだよ。私は地理・歴史・公民全
部が得意で，君は全部ニガテとか。

47

7 内閣のしくみ

なぜ学ぶの?

国会は法律や予算を決めていたね。法律や予算に基づいて政治を行うことが行政だ。内閣は国の行政に責任を持ち，全体をまとめているよ。国務大臣の多くは与党から選ばれるように，国会と内閣には深い関係があるんだ。

1 内閣は行政権を持つ

これが大事!

・内閣…**内閣総理大臣(首相)**と**国務大臣**からなり，国の**行政**に責任を持つ。

　　　　　　法律や予算に基づいて，実際に国の仕事を行うこと。
　内閣は**閣議**を開いて，政策や方針を決定。

2 日本は議院内閣制をとっている

これが大事!

・**議院内閣制**…内閣は国会の信任に基づいて成立し，**国会に対して連帯して責任を負う。**

日本は議院内閣制だけど，アメリカ合衆国は行政の長を選挙で選ぶ大統領制だね。

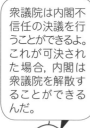
衆議院は内閣不信任の決議を行うことができるよ。これが可決された場合，内閣は衆議院を解散することができるんだ。

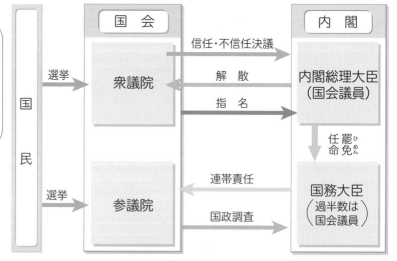

国会 ─ 衆議院 ← 信任・不信任決議 ─ 内閣総理大臣(国会議員)
国会 → 解散 → 衆議院
衆議院 → 指名 → 内閣総理大臣(国会議員)
内閣総理大臣 → 任命・罷免(ひめん) → 国務大臣(過半数は国会議員)
国民 → 選挙 → 衆議院
国民 → 選挙 → 参議院
内閣 → 連帯責任 → 参議院
参議院 → 国政調査 → 国務大臣

ゼッタイ！これだけ

①行政権を持つ内閣…内閣総理大臣と国務大臣からなる
②議院内閣制…内閣は国会の信任に基づいて成立し，国会に対して連帯して責任を負う

練習問題 →解答は別冊 p.10·11

❶ 次の文を読んで，あとの問いに答えなさい。

> 内閣は，a法律や予算に基づいて国の実際の仕事を行っている。内閣は，国会によって指名された　b　とその他の　c　とで構成されている。

(1) 下線部aを何というか，漢字2字で答えなさい。

(2) 文中の　b　，　c　にあてはまる語句をそれぞれ答えなさい。

b　　　　　　　　　　　　　　　c

❷ 次の図を見て，あとの問いに答えなさい。

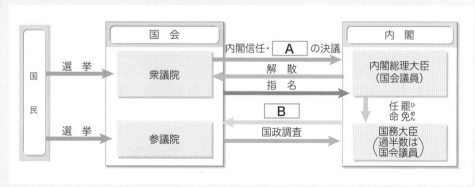

(1) 図中のA・Bにあてはまる語句を答えなさい。

A　　　　　　　　　　　　　B

(2) 図のようなしくみを何というか。

「連帯して責任」って何？みんなで頭を下げる？

内閣不信任が決議されたら，内閣は衆議院を解散するか，総辞職するか決めることなどだね。

8 行政の役割と国民生活

なぜ学ぶの？

内閣は法律や予算に基づいた仕事のほか，条約を結んだり，裁判官を任命したりするなど，様々な仕事をしているよ。行政は，役割が増えて，むだや非効率な面も生じたため，改革が進められているんだ。これが行政改革だ。

1 内閣の仕事

内閣は，法律や予算に基づいて仕事を行う。

国の行政機関には内閣府と12の省庁があり，国務大臣が長になって分担して仕事を行っているよ。

これが大事！ **内閣のおもな仕事**

法律の実施
法律や予算を実施する

法律案や予算の作成
法律案や予算を作成して国会へ提出する

条約の締結と外交関係の処理
条約を結び，外交関係を処理する

政令の制定
法律を実施するために定める

最高裁判所長官の指名
任命は天皇

その他の裁判官の任命
最高裁判所が作成した名簿に基づく

天皇の国事行為への助言と承認

2 行政の役割と行政改革

・行政の役割…外交，安全保障，産業の振興，防災，社会保障，教育・文化など様々な分野におよぶ。

これが大事！ 行政の仕事が増大→むだや非効率→**行政改革**
規制緩和・民営化・地方分権など。

3 公務員は全体の奉仕者

・公務員…行政機関で働く職員。

みなさんの公務員です！

一部の奉仕者ではなく，**全体の奉仕者**。

ゼッタイ！これだけ

①内閣の仕事…法律の実施，予算の作成，条約の締結，政令の制定，最高裁判所長官の指名・その他の裁判官の任命，天皇の国事行為への助言と承認など
②行政改革…行政のむだを減らし，効率化するために行われる

練習問題 →解答は別冊 p.11

❶ 内閣の仕事について，次の問いに答えなさい。

(1) 次の①〜③の文は，内閣の仕事を説明したものである。各文中の**A〜C**に
あてはまる語句をそれぞれ答えなさい。

① 天皇の ┃ **A** ┃ に対して，助言と承認を与える。

② ┃ **B** ┃ を指名し，その他の裁判官を任命する。

③ 法律案や ┃ **C** ┃ を作成して国会に提出し，国会で議決された法律や

┃ **C** ┃ を実施する。

A

B

C

(2) 内閣は法律を実施するために，法律の範囲内できまりを定めることができる。
このきまりを何というか。

❷ 次の文を読んで，あとの問いに答えなさい。

> 行政には，**a**様々な役割があり，仕事は増大している。行政の肥大
> 化に対して，**b**行政を効率化し，むだを減らす改革が進められた。行
> 政機関で働く公務員について，日本国憲法は「 ┃ **c** ┃ の奉仕者」と
> 定めている。

(1) 下線部**a**にあてはまらないものはどれか，次の**ア〜エ**から1つ選び，記号
で答えなさい。

ア 社会保障 　**イ** 裁判 　**ウ** 外交 　**エ** 防災

(2) 下線部**b**を何というか。

(3) 文中の ┃ **c** ┃ にあてはまる語句を漢字2字で答えなさい。

オレがむだをなくそうとす
ると，かえってやることが増
えてしまうんだけど…

9 裁判所のしくみとはたらき

なぜ学ぶの?
争いを解決したり，犯罪かどうかを判断することが裁判で，裁判を行う権限である司法権は裁判所にあるよ。裁判は人権をそこなわないように，慎重，公正に行われる必要があるから，三審制や司法権の独立が定められているんだ。

1 司法権は裁判所に属する

・司法権…法に基づいて裁判を行う権限。

➡ 裁判所が担当する…**最高裁判所**と**下級裁判所**がある。

これが大事!

2 三審制によって人権を守る

これが大事!

・**三審制**…第一審の判決に不服のときは **控訴** することができ，さらに**上告**することができる。

まちがった裁判を防ぎ，国民の人権を守るため，同一の事件で3回まで裁判を受けることができるんだ。

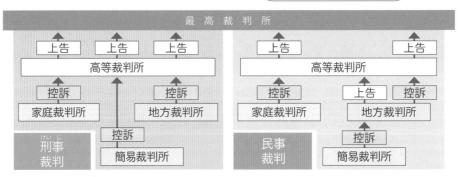

高等裁判所・地方裁判所・家庭裁判所・簡易裁判所が**下級裁判所**。

3 司法権の独立

これが大事!

・**司法権の独立**…他の権力から圧力や干渉を受けずに裁判を行う。

裁判官は自らの**良心**に従い，**独立**して仕事にあたる。
裁判官の**身分**は保障される。

NO!

ゼッタイ! これだけ

①司法権…最高裁判所と下級裁判所に属する
②三審制…同一の事件で**3回**まで裁判を受けることができる
③司法権の独立…国会や内閣から干渉されずに独立して裁判を行う

練習問題 →解答は別冊 p.11・12

❶ 裁判所について,次の問いに答えなさい。

(1) 裁判所は,法に基づいて裁判を行っている。この権限を何というか。

(2) (1)の独立について,次の文中の　**A**　・　**B**　にあてはまる語句を
それぞれ答えなさい。
　裁判官は,自分の　**A**　に従って独立して裁判を行い,憲法と法律の
みに拘束される。また,裁判官の　**B**　は保障される。

A　　　　　　　　　　　　　　　B

❷ 右の図を見て,次の問いに答えなさい。

(1) 図中の**A・B**にあてはまる裁判所をそれ
ぞれ何というか。

A

B

(2) 図中の　**①**　・　**②**　にあてはま
る語句をそれぞれ答えなさい。

①

②

(3) 図のように,同一の事件で3回まで裁
判を受けられるしくみを何というか。

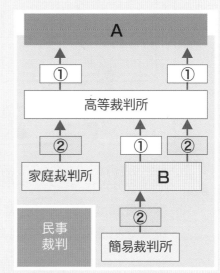

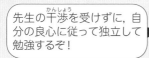
先生の干渉を受けずに,自
分の良心に従って独立して
勉強するぞ!

ホントか?
ホントなら,先生
は助かるが…

1章　現代社会と私たち

2章　個人の尊重と日本国憲法

3章　民主政治と政治参加

4章　私たちの暮らしと経済

5章　国際社会とわたしたち

53

10 裁判の種類

なぜ学ぶの?

ドラマなどで裁判を行うシーンを見たことがあるかな? 裁判には, 犯罪行為を裁く刑事裁判のほか, 企業や個人などの私人の間のトラブルを扱う民事裁判があるよ。裁判に関する改革, 司法制度改革も進められているよ。

1 裁判の種類－民事裁判と刑事裁判

これが大事!
・民事裁判…私人の間の争いの裁判。
・刑事裁判…犯罪行為について, 有罪か無罪かを決定する裁判。

国や地方公共団体を訴える行政裁判もあるよ。これは民事裁判の一種だよ。

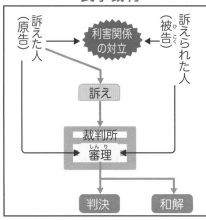

民事裁判

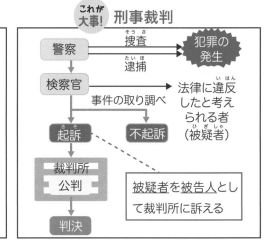

これが大事! 刑事裁判

2 裁判員は, 重大な刑事裁判の第一審に加わる

・裁判員制度…司法制度改革の1つとして導入←裁判を身近なものにする。
重大な犯罪についての刑事裁判の第一審に参加する。

有権者の中からくじで裁判員候補を選ぶ → 6人の**裁判員**が決まる →

刑事裁判
6人の裁判員　3人の裁判官
↓
審理→評議→評決→判決

ゼッタイ!これだけ

①裁判…民事裁判と刑事裁判がある
②刑事裁判…検察官が被告人を起訴して始まる
　第一審で裁判員が加わる場合もある

練習問題 →解答は別冊 p.12

❶ 右の図を見て，次の問いに答えなさい。

(1) 図のような流れで行われる裁判は，民事裁判・刑事裁判のどちらか。

(2) 図中の**A・B**にあてはまる語句をそれぞれ答えなさい。

A

B

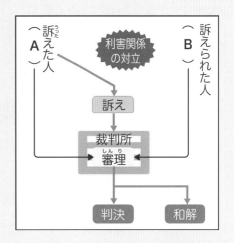

❷ 右の図は，刑事裁判の法廷の様子です。図を見て，次の問いに答えなさい。

(1) 次の説明を参考にして，図中の**X・Y**にあてはまる語句を答えなさい。
 X 被疑者を調べて，裁判所に起訴した人。
 Y 起訴された人。

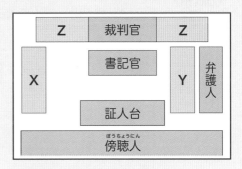

X   **Y**

(2) **Z**が裁判に加わる制度は，司法制度改革にともなって導入された。**Z**を何というか。

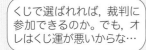
くじで選ばれれば，裁判に参加できるのか。でも，オレはくじ運が悪いからな…

選ばれるのは，満20歳以上の国民だよ。

11 三権分立

なぜ学ぶの?

権力が1つの機関や一人の人物に集中すると，その機関や人物が思うままの政治を行い，国民の人権が侵害されるおそれが生じる。そこで権力を分け，たがいに抑え合うことで国民の人権を守っているよ。

1 三権分立で，権力の集中を防ぐ

これが大事!

・三権分立…権力を3つに分け，**抑制と均衡**をはかる。

権力が集中すると，**専制**や**独裁**によって，自由や権利が侵害される。

> 「人権思想の発達」のところでモンテスキューを勉強したね。

2 日本の三権分立

これが大事!

・日本の**三権分立**…国会が**立法権**，内閣が**行政権**，裁判所が**司法権**を担当。

> 国民審査には，内閣による裁判官の任命に対する国民の監督の意味があるんだ。

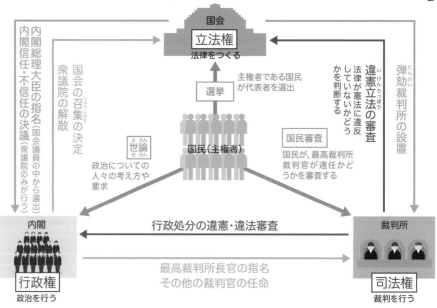

国会
立法権
法律をつくる

内閣総理大臣の指名（国会議員の中から選出）
内閣信任・不信任の決議（衆議院のみが行う）
衆議院の解散
国会の召集の決定

選挙　主権者である国民が代表者を選出

違憲立法の審査
法律が憲法に違反していないかどうかを判断する

弾劾裁判所の設置

世論
政治についての人々の考え方や要求

国民（主権者）

国民審査
国民が，最高裁判所裁判官が適任かどうかを審査する

行政処分の違憲・違法審査

最高裁判所長官の指名
その他の裁判官の任命

内閣
行政権
政治を行う

裁判所
司法権
裁判を行う

ゼッタイ!これだけ
①三権分立…権力の集中による**弊害**を防ぐ
②日本の三権分立…**国会が立法権**，**内閣が行政権**，**裁判所が司法権**

練習問題 →解答は別冊 p.12

① **次の問いに答えなさい。**

(1) 権力を3つに分け，たがいに抑制と均衡をはかるしくみを何というか。

(2) (1)のしくみをとっている目的として最も適切なものを，次の**ア〜ウ**から1つ選び，記号で答えなさい。

ア 国の仕事をすばやく進めるため。

イ 国民の負担を軽くするため。

ウ 独裁政治や専制政治を防ぐため。

② **右の図を見て，次の問いに答えなさい。**

(1) 図中の**A〜C**にあてはまる語句を答えなさい。

A

B

C

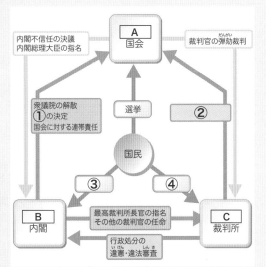

```
内閣不信任の決議        A        裁判官の弾劾裁判
内閣総理大臣の指名      国会
                衆議院の解散
                ①の決定    選挙        ②
                国会に対する連帯責任
                        国民
                    ③        ④
        B        最高裁判所長官の指名        C
        内閣      その他の裁判官の任命      裁判所
                行政処分の
                違憲・違法審査
```

(2) 図中の**①〜④**にあてはまるものを，次の**ア〜エ**から1つずつ選び，記号で答えなさい。

ア 国民審査　　　イ 世論

ウ 国会の召集　　エ 違憲立法の審査

① 　　　② 　　　③ 　　　④

権力が1つだと危ないので3つに分ける？　ゼロにしたらいいんじゃない。

12 地方自治

 なぜ学ぶの?

地方自治は，都道府県や市，区，町，村などを単位とした政治だよ。身近な政治を自分たち自身が行うから，「民主主義の学校」といわれるよ。例えば，都道府県の知事は内閣総理大臣と違い，住民の選挙で選ばれるんだ。

1 地方自治は「民主主義の学校」

これが大事!

地方自治は「民主主義の学校」といわれる。
➡地方公共団体(都道府県と市区町村)が単位。

首長
都道府県知事
市区町村長

← 議会の解散，議決の拒否 →
不信任決議，条例の議決
↑その地方公共団体のみに適用

都道府県議会
市区町村議会

2 住民の権利－選挙

これが大事!

首長と都道府県議会議員・市区町村議会議員は**選挙**で選ばれる。

	選挙権	被選挙権	任期
都道府県知事	18歳以上	30歳以上	4年
市区町村長・地方議会議員	18歳以上	25歳以上	4年

3 住民の権利－直接請求権

 住民に身近な政治を行う地方自治には，直接民主制が広くとり入れられているよ。

・**直接請求権**…条例の制定・改廃や首長・議員の解職などを請求することができる。

これが大事!

請求の種類	必要な署名数	請求先
条例の制定・改正・廃止	(有権者総数の)50分の1以上	首長
監査	50分の1以上	監査委員
議会の解散	3分の1以上※	選挙管理委員会
首長・議員の解職(リコール)	3分の1以上※	選挙管理委員会

※有権者が40万人を超える場合は，40万人の$\frac{1}{3}$に，40万人を超える人数の$\frac{1}{6}$を足した数以上。有権者が80万人を超える場合は，40万人の$\frac{1}{3}$に，40万人の$\frac{1}{6}$と80万人を超える人数の$\frac{1}{6}$を足した数以上。

 ゼッタイ!これだけ

①地方自治…「民主主義の学校」といわれ，地方公共団体が単位
②首長と地方議会議員…住民の選挙によって選ばれる
③直接請求権…地方公共団体の住民に認められている権利

練習問題 →解答は別冊 p.12・13

❶ 右の図を見て，次の問いに答えなさい。

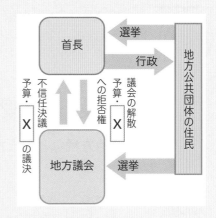

(1) 図中の首長のうち，都道府県の首長を何というか。

(2) (1)の被選挙権は何歳以上か，次の**ア～エ**から1つ選び，記号で答えなさい。
ア 20歳　　**イ** 25歳
ウ 30歳　　**エ** 35歳

(3) 図中の**X**は，その地方公共団体だけに適用されるきまりである。これを何というか。

❷ 次の文を読んで，あとの問いに答えなさい。

> 地方自治は，住民が自分たちの手で地域の政治を行うことから，「民主主義の　①　」といわれる。地方公共団体の住民には，a監査の請求やb議会の解散請求などの　②　が認められている。

(1) 文中の　①　・　②　にあてはまる語句をそれぞれ答えなさい。

①　　　　　　　　　　②

(2) 下線部aに必要な署名数は有権者総数の何分の1以上か，次の**ア～ウ**から1つ選び，記号で答えなさい。
ア 3分の1　　**イ** 10分の1　　**ウ** 50分の1

(3) 下線部bの請求先はどこか，答えなさい。

国の政治には直接請求権はないのかな。衆議院の解散請求とか，大臣の解職請求とか…

59

13 地方公共団体の課題と住民参加

なぜ学ぶの?

地方公共団体の収入には，地方税や国からの補助金などがあるよ。ただ，独自に集められる地方税などの自主財源は少ないんだ。この問題解決のため，市町村の合併（がっぺい）や，地方に財源や仕事を移すことが求められているよ。

1 地方公共団体の財政

東京都のように自主財源が豊かな地方公共団体もあるね。地方財政については，地方公共団体間の格差も問題だ。

・収入…**地方税**などの**自主財源**が少ない。

これが大事！

地方財政の歳入（さいにゅう）の内訳

自主財源	依存財源		
	国からの補助金	借金	
地方税 44.7%	地方交付税交付金 18.5%	国庫支出金 17.1%	地方債 10.1%	その他 9.6%

（2020年度）　　　　　　　　　　　　　　　　　　（2020/21 年版「日本国勢図会」）

・**地方税**…住民などが納める税金。自由に使える自主財源。
・**地方交付税交付金**…地方公共団体の間の収入の格差を是正（ぜせい）するため，国が配分する。
・**国庫支出金**…国が委託（いたく）した事業に対して支出する。
・**地方債（さい）**…地方公共団体の借金。

2 地方自治の課題

これが大事！

財源の不足，仕事の効率化➡**市町村合併**の推進。
地方分権の推進➡財源や仕事を国から地方に移す。

3 住民参加と住民投票

住民の意思を明らかにするため，**住民投票**を実施（じっし）。

市町村合併，発電所・処分場などの建設，基地問題などについて
➡**情報公開**が大切。

ゼッタイ！これだけ

①地方公共団体の収入…自主財源である**地方税**が少ない
　国からの資金である**地方交付税交付金**や**国庫支出金**が多い
②**地方分権**を進めるためには，国の仕事や財源を地方に移すことが大切

練習問題 →解答は別冊 p.13

1 地方公共団体の収入の内訳を示した右のグラフを見て，次の問いに答えなさい。

(1) 次の**A～C**の説明を参考にして，グラフ中の**A～C**にあてはまる語句を答えなさい。
　A 地方公共団体の住民が納める。
　B 地方公共団体の間の収入の格差を是正するため，国が配分する。
　C 国が地方公共団体に委託した仕事に対して支出する。

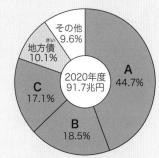

(2020/21年版「日本国勢図会」)

A 　　　　　　　　

B 　　　　　　　　　　**C** 　　　　　　　　

(2) 次の文中の①・②の〔　〕内から，正しいものを1つずつ選び，記号で答えなさい。

①　　　　　　　　②　　　　　　

地方公共団体の収入については，グラフ中の**A**などの自主財源の割合が①〔**ア** 大きい　　**イ** 小さい〕ことが問題である。グラフ中の**B・C**などは，国からの②〔**ウ** 寄付金　　**エ** 補助金〕である。

2 次の問いに答えなさい。

(1) 地方公共団体が地域の実情に合った取り組みを行えるよう，国の仕事や財源の一部を地方に移すことを何というか。

(2) 発電所の建設や市町村合併などについて，住民の意思を直接問うために実施される投票を何というか。

いつも財源不足になやんでいる。学校から交付金をもらえないかな…

バカバカしいこと言ってないで！　3章はもうすぐ終わりだよ。

➡解答は別冊 p.13・14

おさらい問題

1 **右の図を見て，次の問いに答えなさい。**

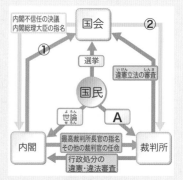

(1) 図のようなしくみを何というか。

(2) 図中の選挙について，18歳以上のすべての国民が選挙権を持っている。このような選挙を何というか。

(3) 図中の国会について，1年に1回，1月に召集される国会を，次の**ア〜エ**から1つ選び，記号で答えなさい。
ア 常会　　**イ** 特別会　　**ウ** 緊急集会　　**エ** 臨時会

(4) 図中の内閣について，内閣の方針や政策を決定する会議を何というか。

(5) 図中の裁判所について，重大な刑事事件の第一審では，国民から選ばれた6人が裁判官とともに審理にあたる。この6人を何というか。

(6) 図中の**A**は，最高裁判所の裁判官に対して，任命後最初の衆議院議員総選挙のときなどに行われる。**A**にあてはまる語句を答えなさい。

(7) 図中の①・②にあてはまるものを，次の**ア〜エ**から1つずつ選び，記号で答えなさい。
ア 憲法改正の発議　　**イ** 弾劾裁判所の設置
ウ 両院協議会の開催　　**エ** 衆議院の解散

① 　　　②

② 次の文を読んで，あとの問いに答えなさい。

> 国の政治では，ふつうは**a**衆議院議員選挙において最も多数を占めた政党の党首が国会から**b**内閣総理大臣に指名される。このように，**c**内閣は国会の信任に基づいて成立し，国会に対して連帯して責任を負っている。**d**地方の政治では，首長である**e**知事や市区町村長は住民の直接選挙によって選ばれる。

(1) 下線部**a**は，１選挙区から一人を選出する方法と，政党の得票数に応じて議席を配分する方法を組み合わせた制度で実施されている。この制度を何というか。

(2) 下線部**b**は国務大臣を任命するが，そのときの条件として正しいものを，次の**ア〜エ**から１つ選び，記号で答えなさい。
  ア 全員が国会議員でなければならない。
  イ 過半数が国会議員でなければならない。
  ウ 全員が衆議院議員でなければならない。
  エ 過半数が衆議院議員でなければならない。

(3) 下線部**c**のしくみを何というか。

(4) 下線部**d**について，右のグラフは地方公共団体の歳入の割合を示している。グラフ中の**A**にあてはまるものは何か，答えなさい。

地方財政の歳入の内訳

← 自主財源 →	←国からの補助金→		借金	
A 44.7%	地方交付税交付金 18.5%	国庫支出金 17.1%	地方債 10.1%	その他 9.6%

(2020年度)　　　　　(2020/21 年版「日本国勢図会」)

(5) 下線部**e**と被選挙権を得る年齢が同じものを，次の**ア〜エ**から１つ選び，記号で答えなさい。
  ア 市区町村長　　　**イ** 都道府県議会議員
  ウ 衆議院議員　　　**エ** 参議院議員

1 消費生活

なぜ学ぶの?

ふだん，食べ物を買ったり，スマホの料金を支払ったりしていることを，消費中心の経済活動という。この経済活動は家計・企業・政府の3つの単位によって営まれているよ。この中で私たちに身近なのは，家計の経済活動だね。

1 経済活動の3つの単位

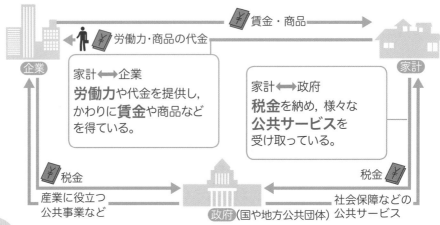

家計⟷企業
労働力や代金を提供し，かわりに**賃金**や商品などを得ている。

家計⟷政府
税金を納め，様々な**公共サービス**を受け取っている。

税金　産業に役立つ公共事業など

政府(国や地方公共団体)

税金　社会保障などの公共サービス

これが大事! 経済活動は，**家計・企業・政府**によって行われている。

2 家計の収入と支出

・**家計**…ものを買う**消費生活**が中心。

消費生活を営む家族や個人のことを家計という。消費するものには，形のある財と，形の無いサービスがあるんだ。

収入
・**所得**…給与所得など。

支出

これが大事!
・**消費支出**…日常生活に必要な**財**や**サービス**への支出。
　　　　　食料費，交通・通信費，教養・娯楽費，保健・医療費など。
・**貯蓄**…将来の支出に備えたもの。
　　　　　銀行預金，生命保険，株式など。

ゼッタイ!これだけ
①経済活動…**家計・企業・政府**によって行われる
②家計…**消費生活**中心の経済活動を行う
　　　所得の大部分は**消費支出**と**貯蓄**に使われる

練習問題 →解答は別冊 p.14

1 右の図を見て，次の問いに答えなさい。

(1) 図中の①・②にあてはまる語句を
それぞれ答えなさい。

①

②

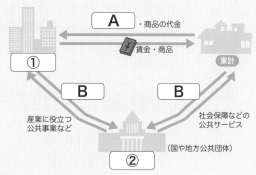

A ・商品の代金

賃金・商品

①

B B

家計

産業に役立つ
公共事業など

社会保障などの
公共サービス

②

（国や地方公共団体）

(2) 図中の**A・B**にあてはまるものを，
次の**ア～エ**から1つずつ選び，記
号で答えなさい。
ア 税金　　イ 輸出
ウ 利子　　エ 労働力

A 　　　　B

2 次の文を読んで，あとの問いに答えなさい。

> 家計は消費を中心とする単位で，a食料費や医療費，交通・通信費，
> 教養・娯楽費などを支出している。また，将来の支出に備えるため，b
> 貯蓄を行っている。

(1) 文中の下線部**a**の支出をはじめとする，日常生活に必要なものへの支出を
何というか。

(2) 下線部**b**にあてはまらないものを，次の**ア～エ**から1つ選び，記号で答え
なさい。
ア 銀行預金　　　イ 家賃
ウ 株式　　　　　エ 生命保険

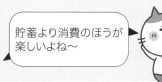

貯蓄より消費のほうが
楽しいよね～

2 消費者の権利と保護

なぜ学ぶの?
私たち消費者は，様々な商品を買っているけど，これも商品と代金を交換する契約なんだ。消費者は商品に関する情報などでは，売り手に比べて弱い立場になるね。そこで，政府が消費者の権利を守る政策をとっているよ。

1 商品の購入は，契約の一種

権利[商品をもらう]　　　　　　　[商品を渡す]義務

買い手(消費者)　←　　　→　売り手(業者)

義務[代金を支払う]　　　　　　[代金を請求する]権利

これが大事!　契約…個人の意思で，権利と義務を確認する。商品の購入も，契約の一種。

2 代金の支払い方法の変化

現金のほか，**キャッシュレス**が普及してきている。

貨幣　　　クレジットカード・ICカード(電子マネー)など。

3 政府による消費者保護

消費者は商品の情報などについて，生産者には太刀打ちできないよね。そこで消費者の権利を守る法律や制度が定められているんだ。

これが大事!　消費者基本法や消費者契約法などが定められている。

消費者基本法	消費者主権を守るため，国や地方公共団体の責務を定める。
消費者契約法	消費者を不当な契約から守る。
製造物責任法（PL法）	商品の欠陥によって消費者が被害を受けたとき，製造した企業に損害の賠償責任を負わせる。
クーリングオフ	訪問販売や電話勧誘などで購入した場合，一定期間内であれば無条件に契約を解除できる。
消費者庁	消費者行政を総合的に進めるために設置。

ゼッタイ! これだけ
①消費者による商品の購入…契約の一種
②消費者基本法や製造物責任法など…消費者の生活や権利を守る

練習問題 →解答は別冊 p.14・15

1 次の文を読んで，あとの問いに答えなさい。

> 消費者が生産者や流通業者から商品を買うことは，a商品の代金の支払いと商品の引き渡しを交換する約束によって成り立っている。代金の支払いは，　**b**　による現金払いのほか，クレジットカードなどによる支払いが普及してきている。

(1) 下線部**a**を何というか。漢字2字で答えなさい。

(2) 文中の　**b**　にあてはまる語句を答えなさい。

2 次の問いに答えなさい。

(1) 次の①・②にあてはまる法律名をそれぞれ答えなさい。
   ① 消費者主権を保障することが目的で，そのための国や地方公共団体の責務を定めている。

   ② 商品の欠陥によって消費者が被害を受けたとき，製造した企業が損害の賠償を行う義務を定めている。

(2) 訪問販売などで商品を購入したとき，一定期間内であれば無条件で売買の約束を取り消すことができる制度を何というか。

3 流通

なぜ学ぶの?

商品が生産されてから, 私たち消費者のもとに届くまでは, いろいろな道すじがあるよ。ふつうは卸売業者や小売業者が関わっているね。最近は, 消費者の好みなどについての大量の情報が流れ, その活用が進められているよ。

1 流通のしくみ－商品が届くまで

生産者 → 卸売業者 → 小売業者 → 消費者

卸売業		小売業	
生産者から商品を仕入れ, 小売業者に売る。		消費者に直接, 商品を売る。	

商業
生産者と消費者の間で, 商品の流通にたずさわる。

・流通…商品が消費者に届くまでの道すじ。

これが大事!
<u>卸売業</u>と<u>小売業</u>が関わる。
　　　商業

 流通には商業のほか, 輸送業・倉庫業や広告業なども関わっているよ。

2 情報の流れ－ビッグデータの活用

消費者が買い物をした記録や大量の個人情報 ⟶ **ビッグデータ**

商品の開発や商品の提供などに利用。
個人情報の保護が大切。

これが大事!

 これだけ
①流通…卸売業と小売業が関わっている
②ビッグデータの活用…商品開発などに活用。個人情報の扱いが大切

練習問題 →解答は別冊 p.15

❶ 次の図を見て，あとの問いに答えなさい。

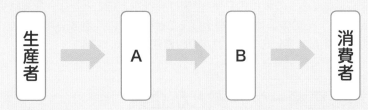

生産者 → A → B → 消費者

(1) 図に示されているような，商品が生産者から消費者に届くまでの道すじを何というか。

(2) 図中の**A**は，生産者から商品を仕入れて，スーパーマーケットやコンビニエンスストアなどに販売する業者である。このような業者を何というか。

(3) 図中の**B**は，消費者に直接商品を売っている商店やスーパーマーケット・コンビニエンスストアなどの業者である。このような業者を何というか。

(4) 図中の**A**や**B**の業者がたずさわっている業種をまとめて何というか。

(5) 消費者が商品を買ったときの記録や，様々な個人情報などは，商品の開発や提供などに利用されている。このような大量の情報を何というか，カタカナで答えなさい。

自分で作って，自分で食べるのも流通なのか？

4 企業の種類

経済活動の3つの単位の1つ，企業は会社などのことだよ。企業は生産活動を行っていて，その中心は利益を上げることを目的に活動する私企業だ。企業の社会的影響力は大きいので，それなりの責任はあるよね。

1 企業の種類－公企業と私企業

・企業…生産の中心。

⬇

公企業と私企業に大きく分けられる。

公企業には，国立印刷局・造幣局などの独立行政法人もあるよ。

これが大事！

公共の目的　利潤の追求

企業

公企業	私企業
国や地方公共団体が経営し，利潤〔利益〕を目的にしない企業。	民間が経営する企業。利潤の追求を目的に生産する。株式会社が代表的。

市営バス，水道事業など

個人企業　　法人企業
農家や個人商店　会社

2 企業の社会的責任（CSR）

これが大事！

企業は社会に大きな影響を与える→社会に対して，様々な責任を持つ。

労働者を守る

安全な商品を届ける

企業

文化活動を支える

環境を守る

ゼッタイ！これだけ

①企業 ｛ 私企業…利潤の追求が第一の目的
　　　　　 公企業…公共の目的の実現をめざす

②企業の社会的責任（CSR）…企業は社会的影響力があり，社会に対する責任がある

練習問題 →解答は別冊 p.15・16

❶ 右の図を見て，次の問いに答えなさい。

(1) 図中の ① ， ② にあてはまる
語句をそれぞれ答えなさい。

①

②

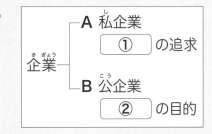

```
          ┌─ A 私企業
          │      ①      の追求
企業 ──────┤
          └─ B 公企業
                 ②      の目的
```

(2) 図中の**A**について，次の文中の a ， b にあてはまる語句をそ
れぞれ答えなさい。

Aには農家や個人商店などの a 企業と，株式会社などの
b 企業がある。

a   b

(3) 図中の**B**にあてはまらないものを，次の**ア～エ**から1つ選び，記号で答え
なさい。
ア 新聞社　　**イ** 市営バス
ウ 水道事業　**エ** 造幣局

**❷ 次の図は，企業の社会的責任を示したものです。図中のA・Bにあてはま
る語句をそれぞれ答えなさい。**

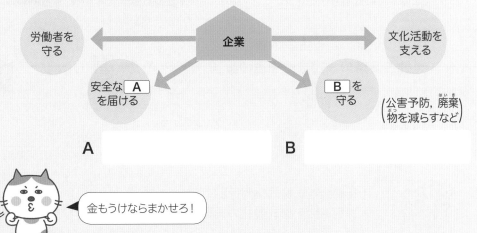

労働者を
守る

企業

文化活動を
支える

安全な A
を届ける

B を
守る

(公害予防，廃棄
物を減らすなど)

A   B

金もうけならまかせろ！

71

5 株式会社のしくみ

なぜ学ぶの? 株式会社は株式の発行によって資金を集めるので, 多くの資金を集めやすく, 代表的な私企業とされているよ。企業は自由に競争を進めるけど, 少ない企業だけが品物をつくるようになると, それらの企業で価格を決めてしまう問題がおこるんだ。

1 株式会社のしくみ

これが大事!
- 株式会社…株式を発行して集めた資金(資本)でつくられた企業。
- 株主総会が最高決定機関。
- 株主は株式数に応じて配当を受け取る。
- 株式の売買は自由➡株式市場で売買。

株主は株主総会に出席し, 株式数に応じて議決権を行使するよ。

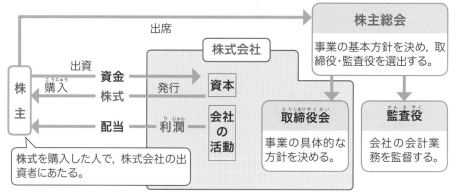

2 生産の集中と独占の弊害

企業は**自由競争**を行う。

↓

少数の企業による**生産の集中**
➡**独占価格**の設定など**独占の弊害**。

防止

独占
我が社だけで自由に価格が決められる。
1つの企業に生産が集中している。

寡占
損をしない価格を設定しよう。
少数の企業に生産が集中している。

これが大事! **独占禁止法**…公正取引委員会が運用にあたる。

ゼッタイ!これだけ
①株式会社…株式を発行して設立される
②株主総会…株式会社の最高決定機関。株主が出席して議決する
③独占禁止法…独占の弊害を防ぐ。公正取引委員会が運用

練習問題 →解答は別冊 p.16

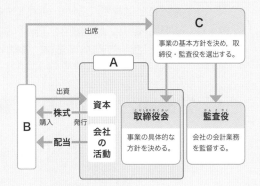

❶ 右の図を見て，次の問いに答えなさい。

(1) 図中の**A**にあてはまる，代表的な私企業（しきぎょう）を何というか。

(2) 図中の**B**は，株式（かぶしき）を購入（こうにゅう）して出資者になった人である。**B**を何というか。

(3) 図中の**C**は，**A**の最高決定機関である。**C**を何というか。

(4) **A**が利益を上げたとき，**B**が株式数に応じて受け取るものは何か。図中の語句で答えなさい。

❷ 右の図を見て，次の問いに答えなさい。

(1) 図中の①・②の状態をそれぞれ何というか。

①

②

(2) 独占（どくせん）禁止法の運用にあたっている機関はどこか，次の**ア～エ**から1つ選び，記号で答えなさい。

ア 会計検査院　　**イ** 国家公安委員会
ウ 経済産業省　　**エ** 公正取引（とりひき）委員会

そういえば〇〇株式会社という名前をよく見かけるね。

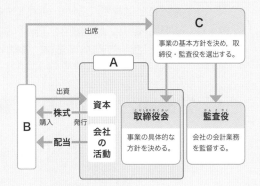

6 労働と労働者の権利

なぜ学ぶの? 働くことは権利であり，義務でもある。労働者は労働条件を向上させるため，労働組合をつくって団結しているよ。また，労働条件の基準を定めた法律もあるね。労働組合や労働基準法は，労働者にとって大切なものだよ。

1 労働組合と労働基準法

労働者 ── 個人では使用者に対して立場が弱い ➡ **これが大事!**
- ・労働組合を結成→**団結権**
- ・使用者と交渉→**団体交渉権**
- ・ストライキを行う→**団体行動権**

これが大事! **労働基準法**…労働条件の最低基準を定める。
➡ 賃金・労働時間・休日・解雇・最低年齢・深夜労働など。

2 雇用の変化－非正規雇用の増加

- ・**終身雇用制**…定年まで同じ企業で働く。
- ・**年功序列賃金**…年齢とともに賃金が上昇する。

 変化

- ・**成果主義の導入**…成果を賃金に反映。
- ・**外国人労働者の採用**…グローバル化。
- ・**非正規雇用の増加**…働く人の約4割を占める。

非正規雇用には，パート・アルバイト・派遣労働者・契約労働者などがあるよ。

これが大事!

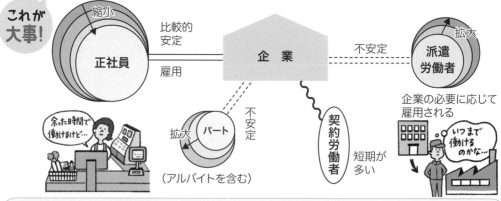

縮小 | 比較的安定 | 拡大
正社員 | 雇用 | **派遣労働者**
不安定
企業の必要に応じて雇用される

余った時間で働けるけど…
拡大 **パート** 不安定
（アルバイトを含む）

契約労働者 短期が多い

いつまで働けるのかな…

ゼッタイ！これだけ！
①**労働組合**…労働者が結成し，労働条件の向上をめざしている
②**労働基準法**…労働条件の最低基準を定めている
③**雇用の変化**…非正規雇用が全体の約4割を占めるようになった

練習問題 →解答は別冊 p.16

① 労働者の権利について，次の問いに答えなさい。

(1) 労働者が労働条件の維持・向上をはかるため，団結して結成する組織を何というか。

(2) 賃金や労働時間・休日などの労働条件の最低基準を定めた法律名を答えなさい。

② 次のグラフは，雇用形態別労働者の推移を示しています。このグラフを見て，あとの問いに答えなさい。

正規の職員・従業員以外の割合

凡例：正規の職員・従業員　パート・アルバイト　派遣社員・嘱託など　（2020/21年版「日本国勢図会」ほか）

(1) グラフ中の正規の職員・従業員について，定年まで同じ企業で働くしくみを何というか。

(2) グラフ中のパート・アルバイト・派遣社員・嘱託などの雇用形態をまとめて何というか。

(3) 2019年の(2)の雇用形態の労働者数は，全体のどれくらいを占めているか，次の**ア～エ**から1つ選び，記号で答えなさい。

ア 約1割　　**イ** 約2割　　**ウ** 約3割　　**エ** 約4割

> パート・アルバイトなどで働く人は年々増えているね。

7 市場経済のしくみ

なぜ学ぶの?
はっきりした形は見えないけど, 商品の売り買いは何らかのしくみの中で行われている。このしくみが市場経済で, 身近にある野菜にしろ, ボールペンにしろ, 自動車にしろ, すべてこのしくみの中で価格が変動しているよ。

1 市場経済のしくみ

・市場…商品が売り買いされる場。

これが大事! ・市場経済…市場で商品が自由に売り買いされる経済。

2 価格の動き

価格は商品の需要量(買いたいと思う量)と供給量[入荷量](売りたいと思う量)の関係によって変動する。

簡単に言えば, 買いたい人が多いと価格は上がり, 売りたい人が多いと価格は下がる傾向にあるよ。

きゅうりの平均価格と入荷量の関係

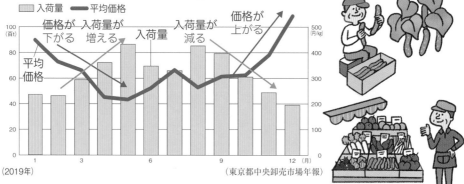

価格が下がる　入荷量が増える　入荷量　入荷量が減る　価格が上がる

平均価格

□ 入荷量　■ 平均価格

100(百t)　80　60　40　20　0

500(円/kg)　400　300　200　100　0

1　3　6　9　12 (月)
(2019年)　(東京都中央卸売市場年報)

これが大事!
需要量を一定とした場合,
- ・供給量(入荷量)が増加(3~5月)➡価格が下落の傾向。
- ・供給量(入荷量)が減少(9~12月)➡価格が上昇の傾向。

ゼッタイ! これだけ
①市場経済…市場における自由な取り引きと価格を中心とするしくみ
②需要量が供給量を上回る…価格は上昇
　需要量が供給量を下回る…価格は下落

練習問題 →解答は別冊 p.16・17

❶ 次の文を読んで, あとの問いに答えなさい。

> それぞれの商品は, ⓐ消費者と生産者が自由に売り買いする場で取り引きされている。現在のほとんどの国は, このような場で決まる価格と自由な取り引きを中心とする ⓑ のしくみになっている。

(1) 下線部ⓐを何というか。

(2) 文中の ⓑ にあてはまる語句を答えなさい。

❷ 次のグラフは, きゅうりの平均価格と入荷量の変化を示したものです。下の文中の①〜④から正しいものをそれぞれ選び, 記号で答えなさい。

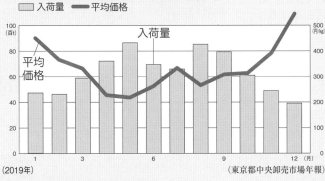

きゅうりの平均価格と入荷量の関係

きゅうりの入荷量が①〔**ア** 増えている　**イ** 減っている〕3月から5月にかけて, きゅうりの平均価格は②〔**ウ** 上がって　**エ** 下がって〕いる。きゅうりの入荷量が80百 t 以上の5月と③〔**オ** 8月　**カ** 12月〕は, きゅうりの平均価格が④〔**キ** 300円以上　**ク** 300円未満〕である。

① ② ③ ④

> 今習った市場は「しじょう」なんだな。オレは「いちば」だと思って地図で場所を探したよ。

8 市場経済と価格のはたらき

なぜ学ぶの?

ほとんどの商品の価格は, 需要量と供給量の関係で決まるよ。だから, 普通は価格が上下しているんだ。でも, 鉄道運賃や電気料金などのように, 政府が決めたり, 認めたりして, あまり価格が変わらないものもあるね。

1 需要・供給と市場価格

これが大事!

・**市場価格**…需要量と供給量の関係で決まる価格。

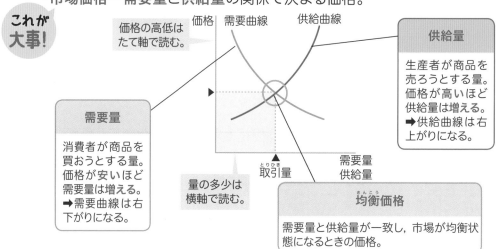

価格の高低はたて軸で読む。

価格 需要曲線 供給曲線

供給量
生産者が商品を売ろうとする量。価格が高いほど供給量は増える。
➡ 供給曲線は右上がりになる。

需要量
消費者が商品を買おうとする量。価格が安いほど需要量は増える。
➡ 需要曲線は右下がりになる。

量の多少は横軸で読む。

取引量

需要量供給量

均衡価格
需要量と供給量が一致し, 市場が均衡状態になるときの価格。

2 公共料金−国や地方公共団体が決定・認可

国民生活に関係の深いものやサービスの価格。

↓

安易に値上げされないようにする必要がある。

鉄道・バスや電気・ガスは, それぞれの地域で供給者が独占状態になっている場合が多いよ。

公共料金

これが大事!

国が決定する	社会保険診療報酬, 介護報酬など
国が認可する	電気料金, 鉄道運賃, 都市ガス料金, バス運賃, タクシー運賃など
国に届け出る	電気通信料金 (一部), 郵便料金 (手紙・はがき) など
地方公共団体が決定する	公営水道料金, 公衆浴場入浴料, 公立学校授業料など

ゼッタイ! これだけ

①市場価格…需要量と供給量の関係で決まる
②公共料金…鉄道・バス運賃や電気・ガス料金など, 国や地方公共団体が決定・認可する

練習問題 →解答は別冊 p.17

1 右の図を見て，次の問いに答えなさい。

(1) 図中の**A・B**の曲線のうち，需要量を示している曲線はどちらか，記号で答えなさい。

(2) 図中の**X**の点で決まる価格を何というか。

(3) 図に示されているような需要量と供給量の関係で決まる価格を何というか。

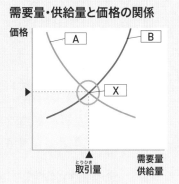

需要量・供給量と価格の関係

価格　A　B　X

取引量　需要量　供給量

2 次の問いに答えなさい。

(1) 国や地方公共団体が決定・認可する価格を何というか。

(2) 次の表は，(1) の例を示したものである。表中の**①〜③**にあてはまるものを，あとの**ア〜オ**から1つずつ選び，記号で答えなさい。

国が決定するもの	社会保険診療報酬，介護報酬など
国が認可するもの	① 料金，② 運賃，都市ガス料金，バス運賃，タクシー運賃など
国に届け出るもの	電気通信料金（一部），国内航空運賃，郵便料金（手紙・はがき）など
地方公共団体が決定するもの	公営 ③ 料金，公衆浴場入浴料，公立学校授業料など

ア 鉄道　**イ** 雑誌　**ウ** 水道　**エ** ガソリン　**オ** 電気

①　②　③

よく使っているものの価格ばかりだね。

確かに，これらが簡単に値上げされると困っちゃうね。

9 貨幣と金融のはたらき

なぜ学ぶの?

私たちがふだん支払いに使う貨幣 (お金, 通貨) について知ろう。お金が不足している者に対して, お金に余裕のある者が融通することが金融だ。日本の金融の中心である日本銀行は, いろいろな役割を果たしているよ。

1 通貨の役割

・現金通貨…紙幣や硬貨など。
・預金通貨…預金の形をとる通貨。

> 日本では, 通貨の9割以上が預金通貨なんだ。

2 金融の役割

・金融…家計や企業の間で, お金を貸し借りすること。
直接金融…企業などが株式・債券を発行して, 直接お金を調達する。
間接金融…金融機関(銀行など)を仲立ちとして間接的にお金を調達する。

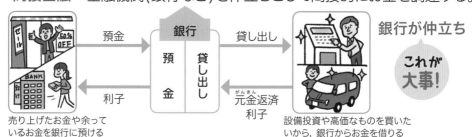

売り上げたお金や余っているお金を銀行に預ける

設備投資や高価なものを買いたいから, 銀行からお金を借りる

銀行が仲立ち

これが大事!

3 日本銀行の3つの役割

・日本銀行…日本の中央銀行で, 金融の中心。
これが大事! 「政府の銀行」「銀行の銀行」「発券銀行」の役割。

> 日本銀行は, 家計や企業とは取り引きをしないぞ。

	日本銀行	
政府の銀行	銀行の銀行	発券銀行
国の資金の出し入れ ⇅	貸し出し ↓　↑ 預金	日本銀行券の発行・回収 ⇅
政　府	一般の銀行	

ゼッタイ! これだけ

①金融…お金の貸し借り。銀行などの金融機関が仲立ちをする
②日本銀行…日本の中央銀行。「政府の銀行」「銀行の銀行」「発券銀行」の役割を果たしている

練習問題 ⮞解答は別冊 p.17·18

1 次の文を読んで，あとの問いに答えなさい。

> ⓐ銀行はⓑ金融の仲立ちをしており，消費者がお金を借りたときは，借りた金額(元金)に　ⓒ　をつけて返済しなければならない。

(1) 下線部ⓐに預けられたお金を何通貨というか。

(2) 下線部ⓑについて，金融機関の仲立ちによって資金を調達することを何というか。

(3) 文中の　ⓒ　にあてはまる語句を，漢字2字で答えなさい。

2 日本銀行について，次の問いに答えなさい。

(1) 日本銀行は日本の金融の中心であることから，何銀行といわれるか，答えなさい。

(2) 次の①・②の日本銀行の役割を示す語句をそれぞれ答えなさい。
① 国の資金の出し入れをする。

② 一般の銀行の預金を受け入れ，資金を貸し出す。

(3) 日本銀行は一万円札や千円札などを発行していることから，何銀行といわれるか，答えなさい。

銀行なんて行ったことないよ。そもそも，オレに金を貸してくれるのか？

10 景気と金融政策

なぜ学ぶの? 世の中を見ていると, 経済活動が活発で物がよく売れる時期もあれば, 経済活動が停滞して物が売れないときもあるね。これをくり返すのが景気の変動だ。経済活動が停滞しているとき, 日本銀行は景気をよくするための政策をとるよ。

1 景気の変動

これが大事!

- 景気変動…好景気(好況)→景気の後退→不景気(不況)→景気の回復。
- 好景気…生産の拡大, 物価の上昇, 賃金の上昇, 雇用の増加
- 不景気…生産の縮小, 物価の下落, 賃金の下落, 失業の増加

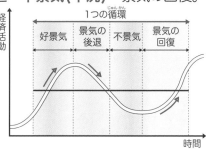

2 日本銀行の金融政策

- 金融政策…物価や景気の安定をはかる。

景気が悪いときは, 社会に出回っている通貨の量が増えるような政策をとるよ。

これが大事!

景気が悪いとき	景気がよいとき
日本銀行	
国債を買う	国債を売る
公開市場 (国債や手形の売買)	
国債 / 資金	国債 / 資金
銀行	
資金量が増える 金利を下げる	資金量が減る 金利を上げる
貸し出しが増える	貸し出しが減る

- 景気が過熱気味のとき (**インフレーション**のとき)
  物価が持続的に上昇すること

  通貨量(資金量)を減らす政策
- 景気が悪いとき (**デフレーション**のとき)
  物価が持続的に下落すること

  通貨量(資金量)を増やす政策

ゼッタイ! これだけ

①景気…好景気→景気の後退→不景気→景気の回復をくり返す
②日本銀行の金融政策…不景気のとき, 銀行の保有する国債を買い取り, 社会に出回る資金量を増やす(好景気のときは逆)

練習問題 ➡解答は別冊 p.18

❶ **右の図1・図2について，次の問いに答えなさい。**

(1) **図1中のA・Bの景気の状態をそれぞれ何というか。**

A _____

B _____

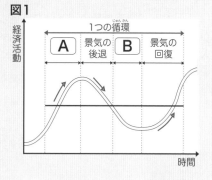

図1

(2) **図1中のAのときの特色を，次のア〜エから2つ選び，記号で答えなさい。**
ア 失業の増加　　**イ** 物価の下落
ウ 生産の拡大　　**エ** 賃金の上昇

_____

(3) **図1中のBのときに日本銀行が行う政策について，右の図2を見て，次の問いに答えなさい。**

① **図2中のX〜Zにあてはまるものを次のア〜カから1つずつ選び，記号で答えなさい。**
ア 売る　　　　**イ** 買う
ウ 増える　　　**エ** 減る
オ 上げる　　　**カ** 下げる

X _____　Y _____

Z _____

図2　日本銀行の政策

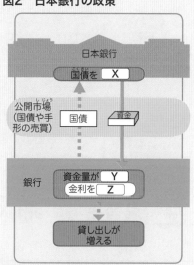

② **日本銀行が行う図2のような政策を何というか。**

_____

景気回復のためには，
通貨の量を増やすんだね。

11 為替相場

日本は円, アメリカはドル, 中国は元, EUはユーロというように, 国や地域連合ごとに通貨は異なっているね。それぞれの通貨の交換比率が為替相場だ。円の価値は高くなったり, 低くなったり, 常に変わっているよ。

1 為替相場

・為替市場…各国の通貨を交換するしくみ。

以前は1ドル＝360円に固定されていたが, 現在は変動相場制になっているよ。

これが大事! ・為替相場(為替レート)…各国通貨の交換比率。

1ドル＝100円→1ドル＝80円。
ドルに対する円の価値が上がるので, 円高

輸入品のバッグ
1ドル＝100円 1000ドル＝10万円 円高 1ドル＝80円 1000ドル＝8万円

これが大事! ・日本製品の外国での価格が高くなる→輸出が不利になる。
・外国製品の日本での価格が低くなる→輸入が有利になる。

1ドル＝100円→1ドル＝120円。
ドルに対する円の価値が下がるので, 円安

輸出品の自動車
1ドル＝100円 300万円＝3万ドル 1ドル＝120円 300万円＝2万5000ドル

これが大事! ・日本製品の外国での価格が低くなる→輸出が有利になる。
・外国製品の日本での価格が高くなる→輸入が不利になる。

2 為替相場の変化の影響

円高
輸出が不利 → 企業がより安く生産できる海外に工場建設 → 産業の空洞化 製造業の雇用が減少

円安
海外からの旅行客に有利 → 交換できる円が増える → 外国人観光客の増加 観光業の雇用が増加

ゼッタイ! これだけ

①為替相場…各国の通貨の交換比率。常に変動している
②円高のとき…輸出が不利, 輸入が有利
　円安のとき…輸出が有利, 輸入が不利

練習問題 →解答は別冊 p.18・19

1 **次の問いに答えなさい。**

(1) 通貨と通貨の交換比率を何というか。

(2) 1ドル＝100円が1ドル＝80円になることを何というか。

(3) (2)のときに日本が不利になるのは輸出・輸入のどちらか。

(4) 1ドル＝110円が1ドル＝135円になることを何というか。

(5) (4)のときに日本が不利になるのは輸出・輸入のどちらか。

2 **次の文中の①の〔　〕から正しいものを選び，記号で答えなさい。また，②にあてはまる語句を答えなさい。**

> 1980年代，1ドル＝200円台であったのが1ドル＝120円台になり，「円高不況」とよばれた。このとき，日本では，生産工場をアメリカなどの海外に移転する企業が①〔ア　増えた　　イ　減った〕ため，産業の　②　を心配する声が上がった。

①　　　　　　　②

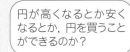
円が高くなるとか安くなるとか，円を買うことができるのか？

日本に来る外国人観光客は，円を買って，円で支払いできるようにしているよ。

12 財政のはたらき

なぜ学ぶの? 家計や企業の経済活動とは異なるけど，政府も経済活動を行っていて，これを財政というよ。政府が提供する公共サービスなどの経済活動は，国民が納める税金でまかなわれている。税金には種類があることも確認しよう。

1 政府の経済活動—財政

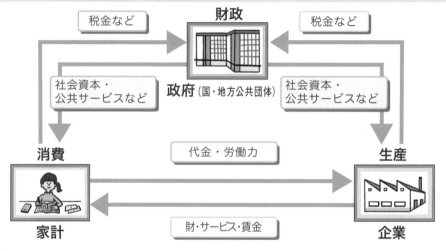

これが大事! 政府(国・地方公共団体)…**社会資本・公共サービス**を提供。

2 税金(租税)の種類

政府の経済活動は，税金を主な収入として行われているよ。

これが大事!
- 国税…国に納める。
- 地方税…地方公共団体に納める。
- 直接税…納税者と負担者が同じ。所得税・法人税など。
  ↓
  所得が多いほど税率を高くする累進課税。
- 間接税…納税者と負担者が異なる。消費税など。

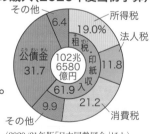

国の歳入(2020年度当初予算)

その他 6.4
所得税 19.0%
法人税
租税・印紙収入 61.9
消費税 21.2
その他 9.9
公債金 31.7
102兆6580億円

(2020/21年版「日本国勢図会」ほか)

ゼッタイ! これだけ
① 政府は家計・企業に対して，**社会資本**や**公共サービス**を提供している
② 税金…**国税**と**地方税**，**直接税**と**間接税**がある
③ 直接税のうちの**所得税**…**累進課税**が適用されている

練習問題 →解答は別冊 p.19

❶ 右の図を見て，次の問いに答えなさい。

(1) 図中の**A～C**にあてはまる役割をそれぞれ答えなさい。

A

B

C

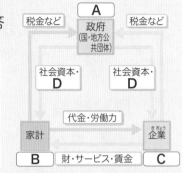

(2) 図中の**D**にあてはまるものを，次の**ア～エ**から1つ選び，記号で答えなさい。

ア 利子　　**イ** 公共サービス　　**ウ** 配当(はいとう)　　**エ** 商品

❷ 右のグラフは，国の収入の内訳を示しています。このグラフを見て，次の問いに答えなさい。

(1) グラフ中の所得税・法人(ほうじん)税は，納税者と負担者が同じ税である。このような税を何というか。

国の歳入(さいにゅう)（2020年度当初予算）

(2020/21年版「日本国勢図会」ほか)

(2) グラフ中の所得税は，所得が多くなるほど高い税率が適用されている。この方法を何というか。

(3) グラフ中の消費税は，納税者と負担者が異なる。このような税を何というか。

国民には，税金を納める義務があるのだから，税金の使われ方を監視(かんし)する権利もあるんだね。

13 財政政策

なぜ学ぶの？

政府は，毎年収入と支出の見積もりを立て，社会資本や公共サービスを提供しているよ。これが財政政策で，その役割には，金融政策と同じように景気の調節もあるんだ。でも，最近は収入が不足しているため，借金を重ねているよ。

1 財政政策

・予算…**歳入**(1年間の収入)と**歳出**(1年間の支出)の見積もり。

おもに税と**国債(公債)**　　**社会資本・公共サービス**
　　　　　　　　　　　└──道路・港湾や上下水道・病院・公園など

これが大事！ ［財政政策］
・好景気・インフレーションのとき→**増税**，財政支出の**抑制**。
・不景気・デフレーションのとき→**減税**，財政支出の**拡大**。

2 公債−収入不足を補うため発行

国債は借金なので，期日が来たら利子を付けて返済しなければいけないんだ。

・**公債**…収入不足を補うために，政府が国民からお金を借りる。
国が発行する**国債**，地方公共団体が発行する**地方債**がある。

国の税収がのびなやむ。
財政支出が増加する。

↓

大量の国債を発行。 **これが大事！**

↓

将来世代の負担に。

国債の歳入に占める割合と国債残高

国債残高(兆円)
国の歳入に占める公債金の割合(%)

（2020/21年版「日本国勢図会」ほか）

ゼッタイ！これだけ
①**財政政策**…政府が，不景気のときに減税や財政支出の拡大を行うなど，景気の調節をはかるために行っている
②**国債**…収入不足を補うために発行しているが，発行残高がとても多い

練習問題 →解答は別冊 p.19

❶ 次の文を読んで，あとの問いに答えなさい。

> 政府は**a** 1年間の収入と**b** 1年間の支出の見積もりの ① を立て，財政を行っている。政府は，私企業が提供しにくい道路や上下水道・公園などの ② を供給している。また，政府は**c**景気の調節をはかるために，財政政策を行っている。

(1) 文中の①・②にあてはまる語句をそれぞれ答えなさい。

① 　　　　　　　　　　 ②

(2) 下線部**a**・**b**をそれぞれ何というか。

a 　　　　　　　　　　 b

(3) 下線部**c**について，不景気のときに行われる財政政策を，次の**ア〜エ**から2つ選び，記号で答えなさい。
ア 増税　　　　　　**イ** 減税
ウ 財政支出の拡大　　**エ** 財政支出の削減

❷ 次の問いに答えなさい。

(1) 収入が不足したときに政府が発行する債券を何というか。

(2) (1)のうち，国が発行するものを何というか。

(3) 現在，(2)の発行残高はどのようになっているか，次の**ア〜ウ**から1つ選び，記号で答えなさい。
ア 増え続けている。
イ 減り続けている。
ウ 変化がない。

ふうん，なんだ
国も借金だらけ
なんだ…

14 社会保障のしくみ

なぜ学ぶの？

日本国憲法に定められた生存権を具体的に実現するしくみが社会保障だよ。社会保障制度には4つの柱があり，どれも大切な制度だね。ただ，少子高齢化が進んでいて，社会保障の財源が課題になっているよ。

1 社会保障制度の4つの柱

憲法25条で「健康で文化的な最低限度の生活を営む権利」が保障されていたね。覚えているかな？

これが大事！

・生存権…日本国憲法が保障。
→社会保障制度で具体的に実現…4つの柱。

種類	内容	具体的な制度
公的扶助	生活が困難な人に生活費などを支給する。	生活保護（生活・住宅・教育・医療扶助など）
社会保険	加入者が積み立てたかけ金などをもとに，病気，けが，失業，高齢などで必要が生じたときに給付する。	医療保険・年金保険・雇用保険・介護保険（40歳以上の国民）・労災保険
社会福祉	障がい者・高齢者など，働くことが困難な人の生活を保障し，自立を支援する。	高齢者福祉・児童福祉・障がい者福祉・母子福祉・父子福祉など
公衆衛生	国民の健康の保持・増進のため，病気の予防などを行う。	感染症対策，上下水道の整備，廃棄物処理，公害対策など

2 少子高齢社会と社会保障の課題

・少子化…将来の生産年齢人口の減少。

⬇

財源を負担する人が減少。

・高齢化…医療・年金の支給額が増大。

⬇

財源が不足するおそれ。

これが大事！

⬇

負担と給付のバランス

社会保障給付費とその内訳の推移

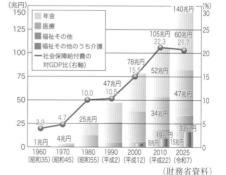

（財務省資料）

ゼッタイ！これだけ？

①社会保障制度…公的扶助・社会保険・社会福祉・公衆衛生の4つの柱で成り立っている
②少子高齢化の進行により，負担と給付のバランスが重要になっている

練習問題 →解答は別冊 p.20

❶ 次の問いに答えなさい。

(1) 社会保障は，日本国憲法第25条①が定める何という権利を具体的に保障する制度か，答えなさい。

(2) 日本の社会保障制度は，4つの柱によって成り立っている。次の①～④の制度をそれぞれ何というか。
① 加入者が積み立てたかけ金などをもとに，病気・けがや高齢，失業などで必要が生じたときに給付する。
② 生活が困難な人に生活費などを支給する。
③ 高齢者・障がい者・母子家庭など，働くことが困難な人の生活を保障し，自立を支援する。
④ 国民の健康と安全な生活の保持・増進をはかる。

①　　　　　　　　　　　②

③　　　　　　　　　　　④

❷ 右のグラフは，社会保障給付費の推移を示しています。このグラフを見て，下の問いに答えなさい。

(1) グラフ中のA～Cにあてはまるものを，次のア～ウから1つずつ選び，記号で答えなさい。
ア 医療　　イ 年金　　ウ 福祉その他

A　　　　　B　　　　　C

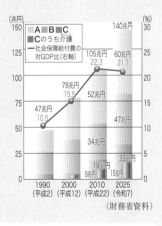

(財務省資料)

(2) ☐☐☐ 社会では，グラフ中のA・Bの費用はさらに増大すると考えられている。☐☐☐にあてはまる語句を答えなさい。

私たちが高齢者になったとき，社会保障制度の財源はどうなっているのだろう…

15 環境保全

 なぜ学ぶの?
人間の生活や生産活動は環境を悪化させることがある。これが公害だ。高度経済成長の時期、公害問題が深刻になり、政府は法律を定めるなどの対策を立てたよ。以前のような公害は減ったけど、様々な形の環境問題は残っているね。

1 公害問題－日本の四大公害

公害病	被害地域	原因物質
新潟水俣病	阿賀野川流域	工場廃液中のメチル水銀(有機水銀)
四日市ぜんそく	四日市市	コンビナートから排出された亜硫酸ガス
イタイイタイ病	神通川流域	鉱山から流出したカドミウム
水俣病	八代海沿岸	工場廃液中のメチル水銀

これが大事!

- **公害問題**…高度経済成長の時期に深刻化。
- **四大公害裁判**…すべて原告の患者側が勝訴。
- **住民運動**…公害反対と防止を訴える運動。

2 環境保全の歩み

各地で公害問題が深刻化

- **公害対策基本法**の制定(1967年)
- **環境庁**の設置(1971年)

新たな環境問題の発生

- 産業廃棄物
- ダイオキシンなど

 最近の環境問題には、地球温暖化の防止のように1つの国だけでは解決が難しい問題が増えているよ。

地球規模の環境問題

- 地球温暖化、酸性雨、オゾン層の破壊など

持続可能な社会をめざす

これが大事!
- **環境基本法**の制定(1993年)
- 環境庁を**環境省**に(2001年)

ガラスびんのリユース・リサイクル

リユース　　　　リサイクル

 ゼッタイ!これだけ
①公害問題…高度経済成長の時期に深刻化。水俣病・イタイイタイ病・四日市ぜんそく・新潟水俣病などの公害病が発生
②環境基本法が制定され、総合的な環境行政が進められている

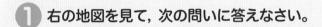

練習問題　→解答は別冊 p.20

1 右の地図を見て，次の問いに答えなさい。

(1) 地図中の**A～D**で発生した公害病をそれぞれ何というか。

A

B

C

D

(2) **B～D**で発生した公害病の原因物質を，次の**ア～ウ**から1つずつ選び，記号で答えなさい。

B　　　　　C　　　　　D

ア 亜硫酸ガス　　**イ** メチル水銀(有機水銀)　　**ウ** カドミウム

2 次の問いに答えなさい。

(1) 公害問題が深刻になったため，1967年に制定された法律を何というか。

(2) 公害問題に取り組むため，1971年に設置された組織を何というか。

(3) 環境行政を総合的に進めるため，1993年に制定された法律を何というか。

(4) 2001年，(2) の組織は，総合的な環境行政を行う何という省になったか。

そういや，お店でレジ袋が無料でもらえなくなったのも環境対策なのか？

おさらい問題

❶ 右の図を見て，次の問いに答えなさい。

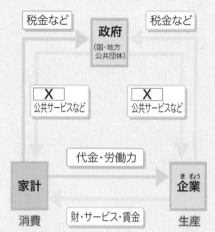

(1) 図中の**X**にあてはまる，道路・上下水道・
公園などをまとめて何というか。

(2) 図中の政府による経済活動を何というか。

(3) 図中の家計について，消費支出にあてはまらないものを，次の**ア～エ**から
1つ選び，記号で答えなさい。

　ア 食料費　　　**イ** 交通・通信費
　ウ 貯蓄　　　　**エ** 教養・娯楽費

(4) 不景気のときに日本銀行が行う金融政策を，次の**ア～エ**から1つ選び，記
号で答えなさい。

　ア 一般の銀行から国債を買う　　**イ** 増税を行う
　ウ 一般の銀行に国債を売る　　　**エ** 減税を行う

(5) 企業で働く労働者の賃金や労働時間などの最低基準を定めた法律を何と
いうか。

(6) 図中の税金について，右のグラフを見て，次の問いに答えなさい。
　① **A**は累進課税が適用されている税である。**A**を
　　何というか。

　② **B**は代表的な間接税である。**B**を何というか。

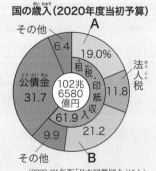

国の歳入(2020年度当初予算)

その他 6.4
A 19.0%
法人税 11.8
公債金 31.7
102兆6580億円
租税・印紙収入 61.9
その他 9.9
B 21.2

(2020/21年版「日本国勢図会」ほか)

❷ 次の文を読んで, あとの問いに答えなさい。

　　商品は, **a**生産者から消費者のもとに届くが, その価格はふつうは**b**需要量と供給量の関係によって決まる。しかし, **c**大企業が不当に高い利潤を確保する価格を設定する場合もある。そのため, 独占の弊害を防ぐ法律が制定されている。また, **d**政府が決定・認可する公共料金もある。

　　商品の購入などについて, **e**消費者の権利を守る法律や制度が設けられている。また, **f**高齢者や障がい者は「買い物弱者」といえるので, 行政や企業の配慮が必要になっている。

(1) 下線部**a**の道すじを何というか。

(2) 下線部**b**の価格を何というか。

(3) 下線部**c**は, 右の図のような状態のときに設定されやすいといわれる。この状態を何というか。

B社の様子をみながら損をしない価格を設定しよう。

Ⓐ社　Ⓑ社

少数の企業に生産が集中している

(4) 下線部**d**にあてはまらないものを, 次の**ア〜エ**から1つ選び, 記号で答えなさい。
　　ア 電気料金　　**イ** 野菜の価格
　　ウ 水道料金　　**エ** バス運賃

(5) 下線部**e**について, 消費者行政を総合的に進めるために設置された国の機関を何というか。

(6) 下線部**f**の生活を保障し, 自立を支援する制度を, 次の**ア〜エ**から1つ選び, 記号で答えなさい。
　　ア 公衆衛生　　**イ** 公的扶助
　　ウ 社会保険　　**エ** 社会福祉

1 国際社会と国家

なぜ学ぶの? 私たちは日本国という国に住んでいる。そもそも, 国って何だろうか? 国にはそれぞれ領域というものがあり, その範囲も決まっているんだ。ニュースなどにもなっているけど, 近くの国との間で領土に関する問題が生じているよ。

1 国家の領域ー領土・領海・領空

これが大事!

・**主権国家**…他国に支配・干渉されない権利(**主権**)をもつ国家。
・**国家の領域**…**領土・領海・領空**からなる。

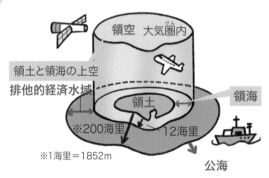

領空　大気圏内
領土と領海の上空
排他的経済水域
領海
領土
※200海里　12海里
※1海里＝1852m
公海

領海は海岸線から12海里, 排他的経済水域は海岸線から200海里の範囲だ。排他的経済水域内の資源は, 沿岸国に権利があるよ。

日本は海岸線が長く, 離島が多いので, 国土面積のわりに排他的経済水域が広いんだよ。

2 日本の領域と領土をめぐる問題

・日本の領域…北端が**択捉島**, 南端が**沖ノ鳥島**, 東端が**南鳥島**, 西端が**与那国島**。

これが大事!
北方領土
歯舞群島, 色丹島, 国後島, 択捉島のこと。日本はロシア(ロシア連邦)に返還を求めている。

これが大事!
竹島
韓国が不法占拠

これが大事!
尖閣諸島
中国や台湾が領有権を主張

択捉島
日本の北端

南鳥島
日本の東端

与那国島
日本の西端

沖ノ鳥島
日本の南端

領海および排他的経済水域

ゼッタイ! これだけ

①主権国家の領域…領土・領海・領空からなる
②領土をめぐる問題…ロシアが**北方領土**を不法に占拠, 韓国が**竹島**を不法に占拠, 中国や台湾が**尖閣諸島**の領有権を主張

練習問題 →解答は別冊 p.21

1 右の図を見て，次の問いに答えなさい。

(1) 図中の①・②にあてはまる水域の名称をそれぞれ答えなさい。

　①　〔　　　　　　　〕

　②　〔　　　　　　　〕

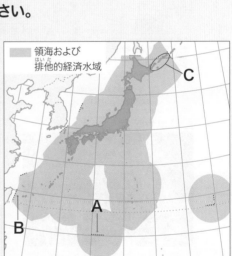

領空　（大気圏内）

①

領土

領海

200海里

②

(2) 図中の領海は海岸線から何海里までか，次の**ア～エ**から1つ選び，記号で答えなさい。

ア 3海里　　**イ** 12海里　　**ウ** 24海里　　**エ** 36海里

2 右の地図を見て，次の問いに答えなさい。

(1) 地図中の**A**は日本の南端，**B**は日本の西端に位置する島である。**A・B**にあてはまる島を，次の**ア～エ**から1つずつ選び，記号で答えなさい。

ア 沖ノ鳥島　　**イ** 択捉島
ウ 南鳥島　　　**エ** 与那国島

　　A〔　　　〕　**B**〔　　　〕

領海および
排他的経済水域

C

A

B

(2) 地図中の**C**の島々からなる日本の領土を何というか。また，この領土を占拠している国を，次の**ア～エ**から1つ選び，記号で答えなさい。

ア アメリカ　　**イ** 中国　　**ウ** ロシア　　**エ** 韓国

　　領土〔　　　　　　　〕　　　　　　国〔　　　〕

南のはしと東のはしの島は，どちらも東京都に属しているんだな。

2 国際連合のしくみと役割

なぜ学ぶの？
世界のたくさんの国々が話し合いでよりよい世界をめざす国際組織があるよ。それが国際連合，略して国連。国連の目的は世界の平和と安全の維持だけど，特に重要な役割を果たしているのは安全保障理事会だよ。

1 国際連合（国連）のしくみ

常任理事国が拒否権を濫発すると，重要な決定がなされなくなってしまう。

これが大事！
・主要機関…**総会・安全保障理事会**など。
・**安全保障理事会**…常任理事国と非常任理事国。
　　　　　　　　　常任理事国は**拒否権**をもつ。

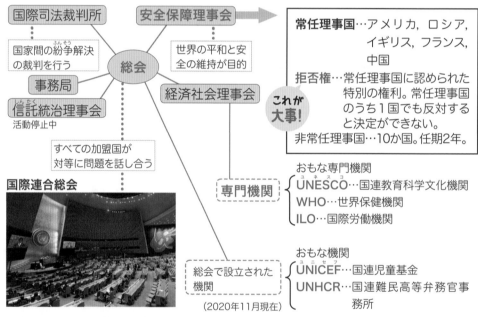

国際司法裁判所
国家間の紛争解決の裁判を行う
事務局
信託統治理事会
活動停止中

総会
すべての加盟国が対等に問題を話し合う

国際連合総会

安全保障理事会
世界の平和と安全の維持が目的

経済社会理事会

常任理事国…アメリカ，ロシア，イギリス，フランス，中国

拒否権…常任理事国に認められた特別の権利。常任理事国のうち1国でも反対すると決定ができない。

これが大事！

非常任理事国…10か国。任期2年。

専門機関
おもな専門機関
{ UNESCO…国連教育科学文化機関
WHO…世界保健機関
ILO…国際労働機関

総会で設立された機関
（2020年11月現在）

おもな機関
{ UNICEF…国連児童基金
UNHCR…国連難民高等弁務官事務所

2 国際連合の役割

これが大事！
・平和と安全…紛争地域で停戦維持などの**平和維持活動（PKO）**を展開。
・文化や環境の保護…**UNESCO（ユネスコ）**が世界遺産に関する活動。
・健康の増進…**WHO（世界保健機関）**が感染症対策などの活動。

ゼッタイ！これだけ
①安全保障理事会…5か国の常任理事国と10か国の非常任理事国からなる
②5常任理事国…拒否権をもつ
③国連の役割…紛争地域での**平和維持活動（PKO）**など

練習問題 →解答は別冊 p.22

1 国際連合について，次の図を見て，あとの問いに答えなさい。

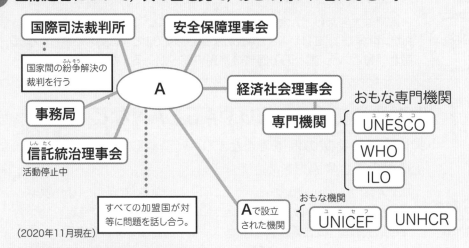

国際司法裁判所

安全保障理事会

国家間の紛争解決の裁判を行う

A

経済社会理事会

おもな専門機関

専門機関 { UNESCO WHO ILO }

事務局

信託統治理事会
活動停止中

すべての加盟国が対等に問題を話し合う。

Aで設立された機関 { おもな機関 UNICEF UNHCR }

(2020年11月現在)

(1) 図中の**A**の機関を何というか。

(2) 図中の安全保障理事会について，次の問いに答えなさい。
　① 安全保障理事会の5常任理事国は，アメリカ・イギリス・中国・ロシアとどこか，国名を答えなさい。

　② 重要な議案について，5常任理事国の1か国が反対すると，決定ができなくなる。5常任理事国に認められているこの権利を何というか。

(3) 次の①・②にあてはまる機関を，図中から選んで答えなさい。
　① 感染症の予防と対策に取り組むなど，各国民の健康の増進をめざしている。

　② 世界遺産条約を定めるなど，貴重な文化や自然の保護に力を入れている。

常任理事国って，そんなにエライのか？

3 地域主義の動きと経済格差

なぜ学ぶの?

一人では大変だけど, 大勢で協力すればうまくいく。国際社会でも通じる考えなんだ。世界では, EUやASEANのように地域でまとまる動きが見られるね。一方, 南北問題という, 国と国の経済の格差の問題があるんだ。

1 地域主義の動き－EUやASEANなど

イギリスがEUから脱退するなど, 地域主義にも変化が見られるね。

・**地域主義**…特定の地域でまとまり, 経済や政治の面の統合や協力をめざす。

これが大事!

▨▨▨EU(ヨーロッパ連合)
…ヨーロッパ諸国が政治・経済を統合。共通通貨ユーロを導入。

▨▨▨USMCA(アメリカ・メキシコ・カナダ協定)
…加盟国の関税を撤廃。

赤 道

(2020年11月現在)

これが大事!

▨▨▨ASEAN(東南アジア諸国連合)
…東南アジア諸国が政治・経済で協力。

これが大事!

▨▨▨APEC(アジア太平洋経済協力会議)
…環太平洋地域の国・地域が経済協力。

2 南北問題－国際社会における経済格差の問題

これが大事!

・**南北問題**…発展<u>途上国</u>と<u>先進国</u>との間の経済格差の問題。
　　　　　　　　↑　　　　　　　↑
　　　赤道付近や南半球に多い　北半球に多い

・**南南問題**…資源にめぐまれた発展途上国と, 資源にとぼしい発展途上国との間の経済格差の問題。

ゼッタイ! これだけ

①**地域主義**…特定の地域でまとまり, 政治や経済の統合や協力をめざす動き。EUやASEANなど

②**南北問題**…発展途上国と先進国との経済格差の問題

練習問題 →解答は別冊 p.22

❶ 次の地図を見て，あとの問いに答えなさい。

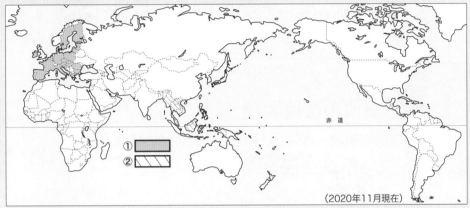

(2020年11月現在)

(1) 特定の地域でまとまり，政治・経済の分野で統合や協力をめざす動きを何というか。

(2) 地図中の①・②の地域の国々が結成している国際組織を何というか。

① 　　　　　　　　　　　　②

❷ 次の文を読んで，あとの問いに答えなさい。

> 国際社会には，**a**発展途上国と先進国との経済格差の問題がある。また，発展途上国の間では，**b**資源が豊かな国と資源がとぼしい国との経済格差の問題があり，どちらも大きな課題となっている。

(1) 下線部**a**を何というか。

(2) 下線部**b**を何というか。

東西問題や，東東問題はないのか？

4 地球環境問題

なぜ学ぶの？ 日本でも環境破壊が見られるけど，近年は一国のレベルをこえた地球規模の環境問題が深刻になっているんだ。特に地球の温暖化は重大で，いろいろな問題が生じている。私たちにとって，人ごとにはできない問題だよ。

1 地球規模の環境問題

・地球環境問題…酸性雨，砂漠化，熱帯林の破壊，**地球温暖化** など。

これが大事！

温暖化が進むと海水面が上昇して，水没してしまう島国もあるよ。

二酸化炭素などの温室効果ガスの増加が原因といわれる。

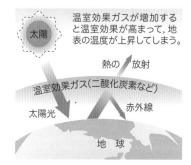

温室効果ガスが増加すると温室効果が高まって，地表の温度が上昇してしまう。

太陽
熱の放射
温室効果ガス(二酸化炭素など)
太陽光　赤外線
地球

温暖化防止をめぐる動き

年代	ことがら
1972	国連人間環境会議
1992	国連環境開発会議
1997	地球温暖化防止京都会議 京都議定書を採択
2015	2020年以降の地球温暖化対策を定めたパリ協定を採択

これが大事！

2 世界の諸問題－資源・エネルギー問題，人口問題

資源・エネルギー問題や人口問題など，解決すべき課題は多い。

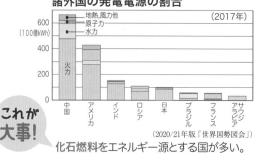

諸外国の発電電源の割合
(100億kWh)　地熱,風力他　原子力　水力　(2017年)
火力
中国　アメリカ　インド　ロシア　日本　ブラジル　フランス　サウジアラビア
(2020/21年版「世界国勢図会」)

これが大事！

化石燃料をエネルギー源とする国が多い。

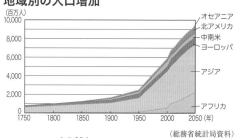

地域別の人口増加
(百万人)　オセアニア　北アメリカ　中南米　ヨーロッパ　アジア　アフリカ
10,000　8,000　6,000　4,000　2,000
1750　1800　1850　1900　1950　2000　2050(年)
(総務省統計局資料)

発展途上国の人口増加がいちじるしい。

ゼッタイ！これだけ
①地球温暖化…二酸化炭素などの温室効果ガスが増加→平均気温が上昇
②温暖化防止の動き…京都議定書やパリ協定など
③エネルギー問題…石炭・石油・天然ガスなどの化石燃料の使用量が多い

練習問題 ➡解答は別冊 p.22·23

❶ 地球環境問題について，次の問いに答えなさい。

(1) 地球環境問題にあてはまらないものを，次の**ア～エ**から1つ選び，記号で
答えなさい。

  ア 酸性雨　　**イ** 熱帯林の破壊
  ウ 失業　　　**エ** 砂漠化の進行

(2) 右の図は，地球温暖化のしくみを表してい
る。図中の ☐ **A** ☐ にあてはまる語句を
答えなさい。

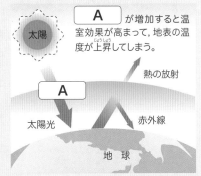

A が増加すると温室効果が高まって，地表の温度が上昇してしまう。

太陽　太陽光　A　熱の放射　赤外線　地球

(3) 図中の ☐ **A** ☐ の代表とされている物質
を，次の**ア～エ**から1つ選び，記号で答え
なさい。

  ア 二酸化炭素
  イ ダイオキシン
  ウ プルトニウム
  エ カドミウム

(4) 次の文は，温暖化の防止に関する動きをまとめたものである。文中の①·
②にあてはまる都市名をそれぞれ答えなさい。

  1997年，地球温暖化防止 ☐ ① ☐ 会議が開かれ， ☐ ① ☐ 議定書が
採択された。2015年には，2020年以降の温暖化対策を定めた ☐ ② ☐
協定が採択された。

    ① ＿＿＿＿＿＿　　　　② ＿＿＿＿＿＿

(5) 多くの国では，発電などのエネルギー源として石炭·石油·天然ガスなどを
使っている。燃焼時に (3) を発生する，これらの燃料をまとめて何というか。

そろそろこの本も
終わりだよな？

5 地域紛争と難民問題

なぜ学ぶの?
世界では, いろいろなことが原因になって紛争が続いているよ。紛争や内戦では, 住んでいた土地を失う人が生じてしまう。この難民の問題の解決にあたっているのが国際連合の機関だよ。

1 地域紛争と難民

これが大事!
・地域紛争…民族・宗教などをめぐる対立から起こる。冷戦の終結後も世界各地で発生。
・難民…地域紛争などにともない, 住んでいた土地を追われた人々。

➡ UNHCR (国連難民高等弁務官事務所) が保護にあたる。

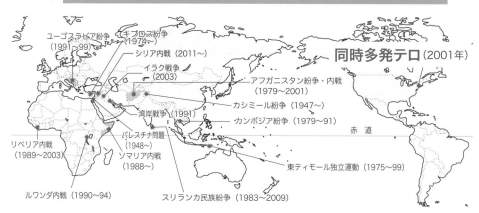

2 核兵器を減らすための動き (核軍縮)

年代	核軍縮の動き
1963	部分的核実験停止条約が採択される
1968	核拡散防止条約 (NPT) が採択される →核兵器保有国以外が核兵器をもつことを禁じる
1991	米ソが戦略兵器削減条約 (STARTI) に調印する
2010	米ロが新戦略兵器削減条約 (新START) に調印する
2017	核兵器禁止条約が採択される→核兵器のいかなる使用も禁止する

インド・パキスタン・北朝鮮が核実験を行うなど, NPT体制がゆらいでいるよ。

ゼッタイ!これだけ

①地域紛争…民族・宗教などをめぐる対立から起こる
②難民…住んでいた土地を追われた人々。UNHCRが保護にあたる
③核軍縮…1968年に核拡散防止条約, 2017年に核兵器禁止条約

練習問題 →解答は別冊 p.23

1 右の地図を見て，次の問いに答えなさい。

(1) 地図中の**A・B**で起こっ
た地域紛争や事件を，次
の**ア～エ**から1つずつ選
び，記号で答えなさい。
ア カンボジア紛争
イ パレスチナ問題
ウ モザンビーク内戦
エ 同時多発テロ

A　　　　　　　B

(2) 地図中のシリア内戦では，住んでいた土地を失って国外に移動した人々が
多く発生した。このような人々を何というか。

(3) (2)の人々を保護する活動を行っている国際連合の機関を，次の**ア～エ**か
ら1つ選び，記号で答えなさい。
ア UNESCO　　**イ** UNICEF
ウ UNHCR　　**エ** ILO

2 次の①・②にあてはまる条約をそれぞれ何といいますか。

① 1968年に採択され，米ソなどの核保有国以外の国が核兵器をもつこと
を禁じた。

② 2017年に国際連合で採択され，いかなる場合にも核兵器を使うことを
禁じた。

唯一の被爆国の日本が
核軍縮をリードしていかないと！

6 国際社会における日本の役割

なぜ学ぶの?

世界には，医療や食料などの面で困っている貧しい国がたくさんあるね。そうした国に対して，日本は様々な援助を行っていることを確認しよう。また，ＳＤＧｓという言葉は，これからの日本と世界にとって，とても大切なものなんだ。

1 国際社会における日本の役割

これが大事!

・平和の実現…日本国憲法で平和主義を宣言。
・核兵器の廃絶…核兵器を「持たず，作らず，持ちこませず」の非核三原則を堅持。
・先進国による経済援助… 政府開発援助（ODA） これが大事!

> 日本のODAの額は世界有数なんだけど，国民総所得（GNI）に占める割合は低いんだ。

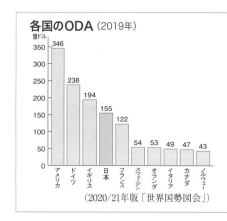

各国のODA（2019年）

億ドル
- アメリカ 346
- ドイツ 238
- イギリス 194
- 日本 155
- フランス 122
- スウェーデン 54
- オランダ 53
- イタリア 49
- カナダ 47
- ノルウェー 43

（2020/21年版「世界国勢図会」）

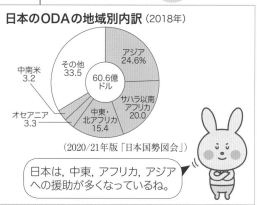

日本のODAの地域別内訳（2018年）

60.6億ドル
- アジア 24.6%
- サハラ以南アフリカ 20.0
- 中東・北アフリカ 15.4
- オセアニア 3.3
- 中南米 3.2
- その他 33.5

（2020/21年版「日本国勢図会」）

> 日本は，中東，アフリカ，アジアへの援助が多くなっているね。

2 持続可能な社会をめざす

これが大事!

・ＳＤＧｓ（持続可能な開発目標）…持続可能な社会をつくるために必要な17の目標。国際連合で採択。

発展途上国にとって切実	先進国に求められている課題
・貧困をなくす ・飢餓をゼロに ・質の高い教育をみんなに	・ジェンダー平等(男女平等)を実現 ・気候変動に具体的な対策を ・海の豊かさを守る

ゼッタイ!これだけ

①非核三原則…核兵器について「持たず，作らず，持ちこませず」の原則
②政府開発援助（ODA）…先進国の政府による経済援助
③ＳＤＧｓ…持続可能な社会をつくるために必要な目標

練習問題 →解答は別冊 p.23

❶ 次の文を読んで, あとの問いに答えなさい。

> 日本は, 憲法で ┃ a ┃ 主義を原則として戦争を放棄するとともに, 核兵器についてはb「持たず, 作らず, 持ちこませず」の原則を掲げている。発展途上国に対しては, c政府による経済援助を行っており, その額は世界有数である。

(1) 文中の ┃ a ┃ にあてはまる語句を漢字2字で答えなさい。

(2) 下線部bの原則を何というか。

(3) 下線部cについて, 次の問いに答えなさい。
① これを何というか。略称をアルファベット3字で答えなさい。

② 右のグラフは, 日本の①の地域別内訳を示している。グラフ中のXにあてはまる地域を, 次のア〜エから1つ選び, 記号で答えなさい。
ア アジア　　　イ 北アメリカ
ウ 南アメリカ　　エ ヨーロッパ

(2018年)

X 24.6%

その他 36.7

60.6億ドル

サハラ以南アフリカ 20.0

中東・北アフリカ 15.4

オセアニア 3.3

(2020/21年版「日本国勢図会」)

❷ 次の問いに答えなさい。

(1) 2015年に国際連合の総会で採択された行動計画がかかげている, 持続可能な社会を築くための17の目標を何というか。

(2) (1)のうち, 貧困や飢餓をなくす目標が切実な課題になっているのは, 先進国, 発展途上国のどちらか, 答えなさい。

5章もこれで終わり！
あと少しがんばろう！

➡解答は別冊 p.24

おさらい問題

❶ 次の文を読んで，あとの問いに答えなさい。

> a国際連合(国連)には，総会や安全保障理事会，経済社会理事会などの主要機関や専門機関がある。b領土をめぐる対立については，国際司法裁判所が審判にあたる場合もある。また，c停戦の監視などの活動のほか，南北問題や，d発展途上国間の経済格差の問題の解決にも取り組んでおり，先進国もeODAを行っている。

(1) 下線部aについて，次の問いに答えなさい。

① 総会で設立されたUNHCRが保護している，内戦などの影響で住んでいた土地を追われた人々を何というか。

② 2015年に採択された行動計画の中の，持続可能な社会をつくるための17の目標を何というか，略称をアルファベットで答えなさい。

(2) 下線部bについて，右の地図中のXの島を不法に占拠している国を，次のア～エから1つ選び，記号で答えなさい。

　ア 中国　　イ 北朝鮮
　ウ 韓国　　エ ロシア

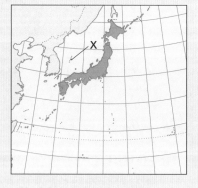

(3) 下線部cなどを行う国連の活動を何というか，略称をアルファベット3字で答えなさい。

(4) 下線部dを何というか。

(5) 下線部eは何の略称か，漢字6字で答えなさい。

2 右の地図を見て，次の問いに答えなさい。

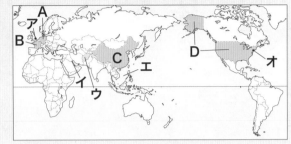

(1) 次の①・②のできごとが起こった場所を，地図の**ア～オ**から1つずつ選び，記号で答えなさい。
① 同時多発テロ
② 湾岸戦争

①〔　　　〕　②〔　　　〕

(2) 地図中の**A・B**の国など27か国（2020年11月現在）が加盟し，共通通貨のユーロを発行している地域主義の組織を何というか。

(3) 地図中の**C・D**の国や日本など，21の国・地域（2020年11月現在）が参加している会議の略称を，次の**ア～エ**から1つ選び，記号で答えなさい。
ア APEC　　　**イ** ASEAN
ウ USMCA　　**エ** OPEC

3 右の図を見て，次の問いに答えなさい。

(1) 図のようなしくみで深刻になっている地球環境問題は何か，答えなさい。

温室効果ガスが増加すると温室効果が高まって，地表の温度が上昇してしまう。

太陽

熱の放射
温室効果ガス(二酸化炭素など)
太陽光　　赤外線
地球

(2) 化石燃料を使用することの問題点は何か，次の**ア～ウ**から1つ選び，記号で答えなさい。
ア 放射能汚染をひきおこす。
イ 天候などによってエネルギー供給が不安定になる。
ウ 燃焼時に大量の二酸化炭素が出る。

まとめてチェック！
重要キーワード

この本に出てきた大切な用語を，テーマ別に手早くチェックできる！

▶現代社会

少子高齢社会	**子どもの人口割合が低く，高齢者**の人口割合が高い社会。
グローバル化	人・ものなどが国境をこえて自由に行きかい，世界が**一体化**する傾向。
年中行事	毎年同じ時期に家庭や地域で行われる行事。

▶日本国憲法と基本的人権

立憲主義(法の支配)	権力を持つ人や機関も法に従わなければならないという考え。
日本国憲法	日本の政治の基本的なあり方を定めた**最高法規**。
社会権	**人間らしい生活**の保障を国に求める権利。
プライバシーの権利	**私生活についての情報**を他人から守る権利。
公共の福祉	**社会全体の利益**。基本的人権を制限する唯一の基準。

▶民主政治と政治参加

普通選挙	一定の年齢に達したすべての国民が選挙権を持つ選挙。
小選挙区制	**1選挙区**から**一人**の代表を選出する選挙制度。
比例代表制	**政党の得票数**に応じて議席を配分する選挙制度。
与党	議会で多数を占め，**政権を担当**する政党。
世論	政治や社会について多くの国民が共有する意見。

▶国会

二院制	**衆議院と参議院**からなる制度。慎重な審議が目的。

常会（通常国会）	毎年1回，1月に召集される**国会**。おもに次年度の**予算**を審議。
衆議院の優越	**衆議院**の議決が**参議院**の議決より優先されること。
公聴会	予算などの委員会での審議で，専門家や利害関係者の意見を聞く会議。

▶内閣

内閣総理大臣(首相)	**国会議員**の中から**国会**によって**指名**される内閣の長。
国務大臣	**内閣総理大臣**によって任命される。過半数が国会議員。
閣議	**内閣**の方針や政策を決める会議。
議院内閣制	内閣が国会の信任で成立し，国会に対して連帯して責任を負う制度。

▶裁判所と三権分立

最高裁判所	**違憲審査権**を持つ終審の裁判所で，「**憲法の番人**」といわれる。
三審制	同一の事件で，**3回**まで裁判を受けることができる制度。
民事裁判	権利や義務に関する私人の間の争いについての裁判。
刑事裁判	犯罪とされる行為について有罪か無罪かを決める裁判。
裁判員制度	重大な刑事事件の裁判の第一審にくじで選ばれた**裁判員**が参加する制度。
三権分立	権力を3つに分け，たがいに**抑制**と**均衡**をはかる制度。

▶地方自治

地方公共団体	地方自治の単位となる**都道府県**と**市（区）町村**。
条例	**地方議会**が制定し，その**地方公共団体**のみに適用される法。
地方交付税交付金	**国**が**地方公共団体**の間の収入格差を是正するために配分する資金。
地方分権	国が地方の仕事を制約せず，仕事や財源を地方に移すこと。

▶消費と生産

消費支出	家計が日常生活のために支出する食料費や交通・通信費など。
流通	商品が生産者から消費者に届くまでの道すじ。
株式会社	**株式**を発行して資金（資本）を集める，代表的な**私企業**。
市場価格	**需要量**と**供給量**の関係で決まる価格。
公共料金	**国**や**地方公共団体**が決定・認可する価格。
日本銀行	日本の**中央銀行**で，唯一の発券銀行。金融政策を行う。

▶財政と社会保障

直接税	納める人と負担する人が同じ税。**所得税**や**法人税**など。
間接税	納める人と負担する人が異なる税。**消費税**など。
累進課税	所得が多くなるほど**高い税率**を課する制度。所得税に適用。
社会保険	加入者が保険料を納め，必要なときに給付を受ける制度。
公的扶助	生活が困難な人に生活費などを支給する制度。

▶国際社会

排他的経済水域	沿岸国が資源を利用する権利をもつ，海岸線から **200 海里内**の水域。
国際連合	**世界の平和と安全の維持**を目的とする国際組織。
安全保障理事会	平和維持に強い権限をもち，常任理事国が**拒否権**をもつ機関。
地球温暖化	**温室効果ガス**の増加により，地球の平均気温が上昇する問題。
難民	**紛争**などが原因で，住んでいた土地や国を追われた人々。
政府開発援助(ODA)	**先進国**の政府による，**発展途上国**に対する経済援助。

とってもやさしい

中学公民

これさえあれば

授業がわかる

改訂版

解答と
解説

旺文社

1章
現代社会と私たち

1 現代社会の特色

→ 本冊 7ページ

❶ ①高齢(化) ②少子(化)
③少子高齢(化)

解説

①高齢者は65歳以上。2019年は1935年に比べて高齢者の人口割合が高まっているので, **高齢化**が進んだといえます。

②子どもは0〜14歳。2019年は1935年に比べて子どもの人口割合が低下しているので, **少子化**が進んだといえます。

③少子化と高齢化が進むことを, **少子高齢化**といいます。

❷ (1) 情報通信技術 (2) 情報リテラシー

解説

(1) **コンピュータやインターネット**といったICT(情報通信技術)が発達し, 大量の情報を素早く処理できるようになったことから, 社会の中で情報の果たす役割が高まる**情報化**が進みました。

(2) 情報社会においては, **インターネット**などから必要な情報を探し出し, その真偽を判断した上で, 利用したり, 活用したりする**情報リテラシー**という能力が不可欠となっています。

❸ (1) グローバル化 (2) 国際分業

解説

(1) グローバルとは「世界的な」とか「地球規模の」といった意味。国や地域の境界をこえて, 人, もの, お金, 情報などが行き来することを**グローバル化**といいます。

(2) 鉱産資源にとぼしい日本は, 産出国から資源を輸入しています。また, 日本は工業技術が発達していることから, 優れた工業製品を輸出しています。このように, 各国が**得意なものを輸**出し, **不得意なものを輸入する**ことを, 国際分業といいます。

2 生活と文化／
現代社会の見方・考え方

→ 本冊 9ページ

❶ ①文化 ②芸術

解説

①文化は, たんに教養とか芸術といった意味ばかりではなく, 言語や生活習慣など, **人間がつくり上げてきた多様なもののすべて**を含んだ言葉です。

②芸術には, 私たちの心や生活を豊かにする働きがあります。

❷ ①ひな祭り ②端午の節句 ③七夕
④七五三

解説

①**ひな祭り**は3月3日, 女子の健やかな成長を祈る行事。

②**端午の節句**は5月5日, 男子の健やかな成長を祈る行事。

③**七夕**は7月7日, 願い事を書いた短冊を笹に飾りつけたりする行事。

④**七五三**は, 11月15日, 7歳, 5歳, 3歳の子どもの成長を祝う行事で, 神社に参拝して神前に報告します。

❸ (1) 社会的存在 (2) 核家族

解説

(1) 集団生活を営む人の集まりのことを, **社会集団**といいます。人間は, 社会集団とのかかわりの中でなければ生きていけない存在なので, **社会的存在**といわれます。

(2) **核家族**は, 夫婦のみ, 夫婦と子, 一人親と子からなる家族のことです。

おさらい問題

→ 本冊 10・11ページ

❶ (1) エ (2) 少子高齢(化)

解説

(1) 2050年には65歳以上の人口は約3800万人, 0〜14歳の人口は約1080万人です。**ア**につ

いて，1950年に最も人口が多いのは15〜64
歳です。**イ**について，日本の人口が最も多くな
ったのは2000〜2010年です。**ウ**について，
15〜64歳の人口も減ると予想されています。
(2) 0〜14歳の人口の割合が低下し，65歳以上
の人口の割合が上昇していることから，少子高
齢化が進んでいることがわかります。

❷ (1) インターネット　(2) ア

　　(3) グローバル化

解説
(1) **コンピュータ**などの情報端末を使って接続し，
世界的な規模で情報を受信したり発信したり
することのできる情報通信網を**インターネット**
といいます。
(2) **ICT**は，**情報通信技術**のことです。**イ**のAIは
人工知能，**ウ**のPOSは販売時点情報管理，
エのGPSは全地球測位システムのこと。
(3) インターネットなどの情報通信技術の発達は，
地球の一体化＝グローバル化の進展を支えま
した。

❸ (1) ①7(月)　②11(月)
　　　③5(月)　④3(月)

　　(2) 伝統文化

解説
(1) 毎年同じ時期に家庭や地域で行われる行事を，
年中行事といいます。
(2) **伝統文化**には，**年中行事**のほか，和風の衣食
住や，能や歌舞伎，相撲などの芸能・スポーツ
なども含まれます。

❹ (1) 56.0 (56) (%)

　　(2) ⓑイ　ⓒエ　ⓓア　ⓔウ

解説
(1) **核家族**は，夫婦のみ (20.2%)，夫婦と子
(26.9%)，一人親と子 (8.9%) です。
(2) 対立から合意へといたるときに基準となる考
え方が効率と公正です。

2章
個人の尊重と
日本国憲法

1 人権思想の発達

⇒ 本冊 13ページ

❶ (1) ロック

　　(2) 人権宣言 (フランス人権宣言)

　　(3) 日本国憲法　(4) モンテスキュー

解説
(1) イギリスの**ロック**は，議会政治の基礎が確立
された**名誉革命**を擁護し，のちの**アメリカ独
立宣言**に影響を与えました。
(2) 1789年に**フランス革命**がおこり，同じ年に，
自由や平等をうたう**人権宣言**が出されました。
(3) 第二次世界大戦後に公布された**日本国憲法**に
は基本的人権の考え方がとり入れられました。
(4) **モンテスキュー**は，権力が集中することで強大
になり，人々の自由や権利がおびやかされるこ
とのないように，権力を3つの機関に分担させ
る三権分立の考え方を提唱しました。

❷ (1) ①イ　②ウ　(2) ワイマール憲法

解説
(1) 国家や権力から自由である人権が**自由権**，人
間らしく生きる権利が**社会権**です。
(2) 1919年にドイツで制定されたのが，**ワイマー
ル憲法**です。**社会権**の保障を明記し，当時，
世界で最も民主的な憲法といわれました。

2 日本国憲法と大日本帝国憲法

⇒ 本冊 15ページ

❶ (1) 憲法　(2) 立憲主義 (法の支配)

　　(3) A−1946年11月3日　B−天皇
　　　C−基本的人権

解説
(1) 国の基本を定めた**最高法規**のことを，憲法と

いいます。

(2) かつては，国王や君主が思いのままに法律を
つくり，人民を支配していました。これを，**人
の支配**といいます。国王や君主，政府の政治
権力を憲法で制限して人権を保障しようとい
う考え方が，**立憲主義**です。立憲主義は，**法
の支配**に基づく考え方です。

(3) A**日本国憲法**は1946年11月3日に公布され，
半年後の1947年5月3日に施行されました。
B明治時代に制定された**大日本帝国憲法**は，
天皇が主権者として日本を統治すると定めて
いました。
C人権は，大日本帝国憲法では**法律の範囲内**
で認められましたが，日本国憲法では，**基本
的人権**として保障しています。

② ①イ ②ウ ③ア

解説

①**主権**とは，国の政治のあり方を最終的に決める
権限のことです。日本国憲法は，主権が**国民**に
あることを明記しています。

②**基本的人権**とは，人が生まれながらに持ってい
る人権のことで，日本国憲法はこれを保障する
と明記しています。

③日本国憲法**第9条**は，**戦争を放棄**すること，**戦
力を持たない**こと，国が**戦争する権利を認めな
い**こと，と定めています。

3 国民主権と憲法改正

→ 本冊 17ページ

① (1) 国民主権 (2) 象徴 (3) 国事行為

解説

(1) 国の政治のあり方を最終的に決める権力のこ
とを，**主権**といいます。主権が国民にあるとい
う原則なので，**国民主権**といいます。

(2) 大日本帝国憲法で主権者とされた**天皇**は，日
本国憲法では政治的な力のない，象徴と定め
られました。

(3) 天皇の国事行為は，法律や憲法改正の公布，
国会の召集，外国の大使や公使を迎え入れる
ことなど，形式的なものです。

② (1) 国民投票 (2) ウ (3) 天皇

解説

(1) **国民投票**では，国会が発議した憲法改正案に
賛成か反対かを**満18歳以上の有権者**が投票
します。

(2) 国会では，普通，出席議員の過半数の賛成で
可決しますが，憲法改正の発議に際しては，
総議員の3分の2以上という，より厳しい条件
がつけられています。

(3) 憲法改正の公布は天皇の**国事行為**の1つです。

4 平和主義

→ 本冊 19ページ

① (1) A－エ B－イ C－ア D－ウ

(2) (第) 9 (条)

解説

日本国憲法の**第9条**は，三大原則の1つである**平
和主義**を具体的に定めています。

② (1) 自衛隊

(2) 日米安全保障条約 (日米安保条約)

(3) 核兵器

解説

(1) 自衛隊については，憲法が禁じている**戦力**に
あたるのではないかという意見もあります。近
年は，自然災害発生時に被災地の要請を受け
て出動し，様々な救援活動を展開している点
に注目が集まっています。

(2) 沖縄をはじめ，日本の各地にアメリカ軍が駐
留しているのは，**日米安全保障条約**の規定に
よるものです。

(3) 日本は，第二次世界大戦中にアメリカ軍によ
り広島と長崎に原子爆弾が投下された経験を
ふまえ，**非核三原則**を国の方針としています。

5 基本的人権の尊重
～個人の尊重と平等権

→ 本冊 21ページ

① (1) 平等権 (2) A－イ B－ウ

解説

(1) **平等権**は，だれもが差別を受けることなく，平
等にあつかわれる権利のことです。

(2) 日本国憲法第14条①は，**法の下**の平等につい

て定めています。

❷ (1) バリアフリー　(2) アイヌ民族

解説

(1) 障がいのある人や高齢者（こうれいしゃ）などが安全・快適に
暮らせるよう，**身体的・精神的・社会的な障壁
（バリア）** を取り除こうという考え方を，**バリア
フリー**といいます。バリアフリーの推進により，
障がいがあっても普通の生活を送れる**インク
ルージョン**を実現することが求められています。

(2) かつては独自の文化が否定されていた**アイヌ
民族**ですが，1997年に制定された**アイヌ文化
振興法**でその文化の尊重が定められました。
2019年に制定された**アイヌ民族支援法**では，
アイヌ民族を日本の**先住民族**と明記しました。

6 基本的人権の尊重〜自由権

→ 本冊23ページ

❶ ①精神(の自由)　②生命・身体(の自由)
③経済活動(の自由)

解説

①**精神の自由**には，**思想および良心の自由，信教
の自由，集会・結社・表現の自由，学問の自由**が
あります。

②**生命・身体の自由**には，**奴隷的拘束および苦役
（どれい）（こうそく）（くえき）
からの自由，法定手続きの保障，拷問や残虐な
（ごうもん）（ざんぎゃく）
刑罰の禁止**などがあります。

③**経済活動の自由**には，**居住・移転および職業選
択の自由，財産権の保障**があります。
（せん）（たく）

❷ (1) D　(2) ① C　② A

解説

(1) Dは，**自由権**ではなく，**平等権（法の下の平等）**
（もと）
です。

(2) ①**思想・良心の自由**は，心の中で思ったり考え
たりすることは自由であり，これに反するこ
とを強制されたり，内心を打ち明けるよう強
制されたり，また，特定の思想をおしつけら
れたりしない，といった権利です。

②**財産権**は，自分の財産を持ち，これを好き
なように使うという権利です。

7 基本的人権の尊重〜社会権

→ 本冊25ページ

❶ (1) A−イ　B−オ　(2) 生存権

解説

(1)(2)「**健康で文化的な最低限度の生活を営む権
利**」のことを**社会権**の中でも特に**生存権**とい
います。この人権は，1919年に制定されたド
イツの**ワイマール憲法**で最初に認められた人
権です。自由な経済活動にまかせていると貧
富の差が拡大するので，人間らしい生活を送
る生存権の保障を，国の責任としました。

❷ A−ア　B−エ　C−イ

解説

A「小中学校の9年間」とあるので，**教育を受ける
権利**です。この権利は，学校教育に限らず，職場
や家庭，地域で行われる学習会など，生涯（しょうがい）にわ
たる教育が対象です。

B人間らしい生活を送るには一定の収入が必要で
あり，これを得るための手段の1つである**勤労**は，
権利として保障されています。

C労働者が**労働組合**をつくる権利を，**団結権**とい
います。一人ひとりでは立場の弱い労働者が団
結することで，会社などの使用者と対等の立場
に立つことができます。

8 基本的人権の尊重
〜人権保障を実現する権利

→ 本冊27ページ

❶ (1) 選挙権　(2)(満) 18 (歳以上)
（さい）
(3) エ　(4) 請願権
（せいがん）

解説

(1) **公務員**を選んだり，やめさせたりする権利は，
主権者である国民にあります。国会議員や地
方議会議員，都道府県知事や市区町村長の公
務員を選挙で選ぶ権利を，**選挙権**といいます。

(2) **選挙権**や憲法改正の**国民投票権**は，**満18歳
以上**の人に認められています。

(3) 衆議院議員総選挙のときに，**最高裁判所の裁
判官**が適任かどうかの投票が行われます。こ
れを**国民審査**といいます。
（しんさ）

(4) 国が定める**法律**や，都道府県や市区町村が定
める**条例**について希望を述べるなどする権利を，

請願権といいます。

② A－ウ　B－イ　C－ア

解説

A自由や権利が侵害されたときは、迅速で公正な**裁判**を求めることができます。

B公務員の故意または過失による行為で損害を受けたときに国に賠償を求める権利を、**国家賠償請求権**といいます。

C裁判で無罪になったとき、抑留または拘禁された期間中の金銭的な補償を請求することができます。これを**刑事補償請求権**といいます。

9　新しい人権

⇒ 本冊 29ページ

① (1) ①知る権利　②プライバシーの権利

(2) ア

解説

(1) ①国民が主権者として、政治について正しい判断を下すためには、国や地方公共団体の活動内容を知る必要があります。そのために、**知る権利**が保障されるようになりました。

②私生活についての情報を他人に知られないようにする権利のことを、**プライバシーの権利**といいます。

(2) **資料**中の高い建築物は、上層部が斜めなので、周囲の低い建築物にも日が差すようになっています。これは、**環境権**に対する配慮です。

② (1) エ　(2) プライバシーの権利

解説

(1) **自己決定権**は、生き方や生活のスタイルを自分で選ぶ権利のことです。医療の分野で重視されている、医師から病気や治療方法について正しい説明を受け、自分で医療行為を選択する**インフォームド・コンセント**も、自己決定権に含まれます。

(2) 自分の住所や名前などを秘密にしておく権利は、**プライバシーの権利**です。インターネットの発達により、情報が世界中に広まるので、個人情報の取りあつかいには、注意が必要です。

10　公共の福祉と国民の義務

⇒ 本冊 31ページ

① (1) 公共の福祉　(2) ウ

解説

(1) 自由や権利を保障しているからといって、何をしてもいいわけではありません。日本国憲法では、自由や権利を「…濫用してはならないのであって、常に**公共の福祉**のためにこれを利用する責任を負ふ（第12条）」と定めています。

(2) 文の例では、自分の住みたいところに住む**居住の自由**や**財産権**が制限されています。これは、自由権のうちの、**経済活動の自由**に含まれます。

② A－教育　B－納税

解説

A保護する子どもに**普通教育を受けさせる義務**です。普通教育とは、社会で自立して生きていくために必要な知識や技能などを得るための教育で、小学校・中学校・高校の教育がこれにあたります。

B「経済状態に応じて」とあるので、税金を納める義務、つまり、**納税の義務**です。国民の義務には、そのほかに**勤労の義務**があります。

11　国際社会の中の人権

⇒ 本冊 33ページ

① (1) 世界人権宣言　(2) 国際人権規約

(3) 児童〔子ども〕の権利条約

解説

(1) 人権保障のあり方が国によって異なっていたので、第二次世界大戦後に設立された国際連合が、人権保障の規範を加盟国に示すために、**世界人権宣言**を採択しました。

(2) 世界人権宣言が示した規範を実現するために、法的な拘束力を持った条約という形で、国際連合が**国際人権規約**を採択しました。日本も1979年に批准しました。

(3) 生きる権利、育つ権利、守られる権利、参加する権利を子どもの権利として保障しているのは、**児童（子ども）の権利条約**です。日本も1994年に批准しました。

❷ NGO

解説

人権保障や世界平和の分野などで，国境をこえて活動する民間の組織（**非政府組織**）のことを，NGOといいます。条約の成立を実現させるなど，国際社会におけるNGOの役割は，大きくなっています。

おさらい問題

→ 本冊 34・35ページ

❶ (1) ウ

(2) ①エ　②国民主権　③エ　④ウ

解説

(1) 著書『社会契約論』の中で，人民主権を主張したのは**ルソー**です。**ア**の**モンテスキュー**はフランスの思想家で，著書『**法の精神**』の中で**三権分立**を説きました。**イ**の**ロック**はイギリスの思想家で，著書『**統治二論**』の中で人民の抵抗権などを説きました。

(2) ①日本国憲法は，**1946年11月3日**に公布され，半年後の**1947年5月3日**に施行されました。

②条文中に「主権の存する日本国民」とあるので，**国民主権**であることがわかります。

③国会は，衆議院と参議院の両方で総議員の3分の2以上の賛成を経て，**憲法改正を発議**します。憲法改正案について，賛成か反対かの**国民投票**を行い，過半数の賛成があれば，改正案が成立します。

④日本国憲法第9条は，**平和主義**を定めており，**陸海空軍その他の戦力を保持しない**と定めています。**ア**の核兵器については，憲法に直接の規定はありませんが，日本は**非核三原則**を国の方針として掲げています。**イ**の自衛隊について，政府は，自衛のための必要最小限度の実力と位置づけ，第9条が禁止している戦力にはあたらないとしています。

❷ (1) インクルージョン　(2) エ　(3) エ

(4) 自己決定権　(5) 公共の福祉

(6) 国際人権規約

解説

(1) **インクルージョン**を進める上で具体的に行われている施策の1つに，様々な障壁を社会から取り除く**バリアフリー**があります。

(2) 経済活動の自由の1つに，自分の好きな職業を選ぶことができる**職業選択の自由**があります。**ア・ウ**は**精神の自由**，**イ**は**生命・身体の自由**です。

(3) **社会権**には，**生存権**，**教育を受ける権利**，**勤労の権利**と**労働基本権**があります。また，国民の義務は，**保護する子どもに普通教育を受けさせる義務**，**納税の義務**，**勤労の義務**です。

(4) **自己決定権**は，社会の変化とともに，多様な生き方が求められるようになったことから認められるようになった権利です。具体的には，患者が医師から十分な説明を受けた上で，治療方法を選ぶ**インフォームド・コンセント**などがあります。

(5) たとえば，表現の自由が認められているからといって，他人の名誉を傷つける表現を公にすることは許されません。これは，**公共の福祉**に反するために人権が規制される一例です。

(6) 国際連合は，1948年に**世界人権宣言**を採択して人権保障の規範を示し，1966年には**国際人権規約**で，条約加盟国に人権保障を義務づけました。

3章
民主政治と政治参加

1　民主政治のしくみ

→ 本冊 37ページ

❶ (1) A－直接民主制
　　　B－間接民主制（議会制民主主義）

(2) B

解説

(1) **A**話し合いの場に全員が参加するしくみです。スイスの一部の州で採用されています。日本では，**憲法改正の国民投票**や**最高裁判所裁**

判官の国民審査, 地方公共団体の住民の直接請求権など, 直接民主制がとられているものもあります。

B時間をかけずに複雑な物事を決めるためには, **代表者**によって構成される**議会**で話し合って決める**間接民主制**（議会制民主主義）が適しています。主権者である国民は, 代表者を**選挙**で選ぶという形で政治に参加します。

(2) **国民主権**を原則とする民主政治では, 国民が直接参加する**直接民主制**が理想ですが, 人口が多い現代国家では, いちどに多数の人間が集まるのは困難です。そこで多くの国では, **間接民主制**が採用されています。

❷ (1) 多数決の原理　(2) 少数意見

解説

(1) **話し合い**による決定は**全員一致**が理想ですが, 最後まで対立が解消されず, 意見が一致しない場合がふつうです。この場合, 最後は多数の意見を採用するのが一般的で, これを**多数決の原理**といいます。

(2) **少数意見**が間違っているとは限らず, 多数意見が常に正しいともいえません。少数意見を説得して多数意見に従ってもらうためには, 十分な話し合いにより少数意見に配慮することが大切です。可能な限り, 少数意見をとり入れて結論をまとめる工夫も必要です。**少数意見の尊重**は, 少数・弱者の保護というだけでなく, 民主政治を成り立たせる要素ともいえます。

2 選挙

⇒ 本冊39ページ

❶ ①普通選挙　②平等選挙　③直接選挙　④秘密選挙

解説

①日本では, 最初の衆議院議員選挙のとき, 選挙権は多額納税者の男子に限られる**制限選挙**でした。納税額に関係なく選挙権を持つ**普通選挙**は, 男性のみが1925年に実現しました。女性を含む**普通選挙**は, 第二次世界大戦後の1945年に実現しました。現在は, 満**18**歳以上のすべての男女が選挙権を持っています。

②**平等選挙**は, 日本国憲法が保障する「**法の下の平等**」を実現するための原則です。議員一人あたりの有権者数の不均衡, いわゆる「**一票の格差**」は平等選挙に反するという判決が最高裁判所で出されたこともあります。

③直接選挙に対して, アメリカ合衆国の大統領選挙に代表される, 有権者が投票人を選び, その投票人が議員・首長を選ぶといった方法が**間接選挙**です。**直接選挙**は有権者の意思が直接反映されますが, 間接選挙では有権者の意思が反映されないおそれもあります。

④明治時代の衆議院議員選挙では, 投票する人が自分の名前も書いていたことがあります。誰に投票したかが分かるので, 個人の思想・良心の自由が侵害されるおそれがあります。そのため, **無記名投票の秘密選挙**が保障されています。

❷ (1) 小選挙区制　(2) 比例代表制

解説

(1) **小選挙区制**は1つの選挙区から1人を選出する制度で, 最も得票が多かった人が選ばれます。落選者に投じられた**死票**が多くなるので, 有権者の民意が正確に反映されないという欠点があります。一方, 多数政党にとって有利なので, 政権が安定しやすいという面があります。

(2) **比例代表制**では, 政党の**得票数**に応じて議席が配分されます。民意を反映するので, 少数の政党も議席を得ることがあります。一方, 少数政党による**多党制**になって, 政治運営が停滞するおそれもあります。衆議院議員選挙は**小選挙区比例代表並立制**で行われています。

3 政党の役割

⇒ 本冊41ページ

❶ (1) 政党

(2) 公約（政権公約, マニフェスト）

解説

(1) 個人が単独で政治活動を行う場合もありますが, 政治について同じ考えを持つ人が**政党**を結成して活動を行うのが一般的です。特に国の政治では, 国会議員の大部分は政党を中心に活動し, ふつう議決は政党の方針に従って行います。政党は目標である政策や理念を実現するため, 議会で活動していますが, 議会外でも演説会などを開催したりしています。

(2) 政党の最終的な目標は**政権**を獲得して，政策を実現することです。そのためには，**選挙**で多くの議員を当選させなければなりません。選挙に勝利するため，政党や候補者は理念や政策を**公約（政権公約）**として提示します。公約は有権者の判断材料になります。

❷ (1) 与党　(2) 連立政権　(3) 野党

解説

(1) **A**党と**B**党は政権を担当し，**内閣**を組織しています。このような政党は**与党**です。一般に内閣の長である**内閣総理大臣**には，最大与党の**党首**が指名されます。

(2) **連立政権**は，1つの政党だけでは議席の過半数を占められないときなどに，複数の政党が協力することによって組織されます。

(3) **C**党と**D**党は政権に参加していません。**野党**は，政府を批判・監視する役割を果たすことによって民主政治を成り立たせています。

4 マスメディアと世論

⇒ 本冊 43ページ

❶ (1) 世論　(2) マスメディア

解説

(1) **世論**は多くの人が共有する意見のことで，内閣を支持するかどうかのまとまった意見も**世論**の1つです。内閣の支持・不支持だけでなく，個別の政策に対する多くの人のまとまった意見も世論です。

(2) 世論は多くの人が共有する意見なので，多くの人の意見を集約する仕事が必要です。このような仕事を担っているのが**マスメディア**です。国や地方公共団体が意見募集やアンケートなどを行う場合もあります。

❷ (1) イ　(2) インターネット
　(3) メディアリテラシー

解説

(1) マスメディアは大量の情報を不特定多数に伝達します。**ア**のラジオと**ウ**の雑誌は，新聞やテレビとともにあてはまります。**イ**の手紙は個人間の伝達手段なので，マスメディアではありま

せん。

(2) 1990年代の後半から**インターネット**が急速に普及し，様々な情報が大量に流れています。特に**ソーシャルネットワークサービス（SNS）**が爆発的に広まり，**選挙運動**などに活用する政党や政治家が増えています。

(3) マスメディアは，常に正しい情報を流しているとは限りませんし，誤りをおかすこともあります。ときには，利害関係や政治的な思惑から客観的とはいえない情報を流すこともあります。また，**インターネット**は，真偽不明の情報がそのまま流されていることがあります。したがって，**メディアリテラシー**を身につけて，情報を批判的に読み取る姿勢が大切です。

5 国会の地位としくみ

⇒ 本冊 45ページ

❶ (1) 国権　(2) 唯一の立法機関

解説

(1) 日本国憲法は**国民主権**を原則として定めています。国会は，**主権者**である国民が**選挙**で選んだ議員からなります。したがって，国会は**国権の最高機関**です。

(2) 法律は，**国権の最高機関**である国会だけが定めることができます。その意味で**唯一の立法機関**といわれます。

❷ ① C　② B　③ A
　④ B　⑤ A　⑥ A

解説

①衆議院・参議院の国会議員だけでなく，地方公共団体の首長や地方議会の議員などの選挙についても，選挙権は**18歳以上**のすべての国民が持っています。第二次世界大戦後に**20歳以上**のすべての男女に選挙権が与えられましたが，2015年に年齢が引き下げられました。なお，憲法改正の**国民投票**についても，18歳以上のすべての国民に投票権が認められています。

②参議院議員の任期は**6年**ですが，**3年**ごとに半数が改選されます。

③解散は全員がいちどに議員の資格を失うことです。衆議院が**内閣不信任**を決議した場合や，民意を問うために必要と考えたときなどに，内閣

が解散を決めることがあります。参議院には解散はありません。

④衆議院議員の被選挙権は25歳以上で，参議院議員のほうが高くなっています。

⑤⑥衆議院の定数465のうち，小選挙区制で289人，比例代表制で176人が選出されています。

❸ ①特別会（特別国会）
　②常会（通常国会）

解説

①衆議院が**内閣不信任**を決議した場合，内閣は衆議院の**解散**か，**総辞職**のいずれかを行います。衆議院が解散された場合，**40日**以内に**総選挙**が実施されます。総選挙が実施された日から**30日**以内に**特別会**が召集され，最優先の議題として内閣総理大臣の指名が行われます。

②**常会**は次年度の**予算**の審議がおもな議題で，会期は**150日間**です。

6 国会の仕事

⇒ 本冊 47ページ

❶ (1) A－予算　B－内閣総理大臣
　　　C－弾劾裁判所

　(2) ア

解説

(1) **A予算**は1年間の収入と支出の見積もりで，**内閣**が作成して**国会**に提出します。ただし，**先に衆議院**に提出しなければなりません。

B内閣総理大臣は国会議員の中から国会によって**指名**され，天皇によって**任命**されます。

C憲法は裁判官の身分を保障しており，特別な理由がないとやめさせられることはありません。重大なあやまちがあったなど，不適任と訴えられた裁判官を，やめさせるかどうかを決めることができるのが，**国会**に設置される弾劾裁判所です。

(2) **ア**の条約の承認については，参議院が衆議院と異なる議決をし，両院協議会でも不一致の場合や，参議院が衆議院の可決した議案を受け取ってから30日以内に議決しない場合は，**衆議院**の議決が国会の議決になります。**イ**の**憲法改正の発議**は，両院対等で，**各議院の総議員の3分の2以上の賛成**が必要です。**ウ**の

国政調査権は，両議院とも行使することができます。

❷ A－公聴会　B－本会議

解説

A公聴会は，予算や重要な法律案を審議する際に，**専門家**や**利害関係者**などの意見を聞くために開かれます。

B本会議は全議員が出席する会議です。委員会で細かく検討・審議され，可決された法律案は本会議に上げられ，最終的な採決が行われます。原則として，両議院の本会議で可決されると，法律として成立します。

7 内閣のしくみ

⇒ 本冊 49ページ

❶ (1) 行政

　(2) b－内閣総理大臣（首相）
　　　c－国務大臣

解説

(1) 実際の政治を行うことが**行政**で，日本国憲法第65条は「**行政権**は，内閣に属する。」と定めています。

(2) **b内閣総理大臣**は内閣の長であり，国の政治の取りまとめの中心です。ふつう内閣総理大臣は国会で最も議席が多い政党の**党首**で，**国会**によって指名されます。

c国務大臣は内閣総理大臣によって任命されますが，その**過半数は国会議員**でなければなりません。国務大臣の多くは，各省庁の長として政務を分担しています。

❷ (1) A－不信任　B－連帯責任

　(2) 議院内閣制

解説

(1) **A衆議院**は内閣の方針に反対のとき，**不信任決議**を行うことができます。これが可決された場合，内閣は**10日**以内に衆議院を**解散**するか，**総辞職**するかしなければなりません。

B個別の省庁や大臣ではなく，内閣全体が連帯して責任を負っています。第二次世界大戦前の大日本帝国憲法の下では，内閣は**天**

皇に対して責任を負っていました。

(2) 主権者である国民から選ばれた議員からなる国会が**国権の最高機関**なので, その国会を土台とし, 国会と深く結びついたしくみが**議院内閣制**です。日本のほか, イギリスも議院内閣制を採用しています。一方, アメリカ合衆国・韓国などは**大統領制**をとっています。

8 行政の役割と国民生活

⇒ 本冊51ページ

❶ (1) A－国事行為　B－最高裁判所長官
　　　C－予算
　　(2) 政令（せいれい）

解説

(1) **A天皇**は政治に関する一切の権能を持たず, 形式的・儀礼的（ぎれい）な**国事行為**のみを行います。そうした国事行為に対して, **内閣**は**助言と承認**（しょう・にん）を与えます。
　　B最高裁判所長官は**内閣**が指名し, **天皇**が**任命**します。
　　C予算の作成は内閣の重要な仕事で, **財務省**が中心になります。

(2) 政治は法律に基づいて行われるのが原則ですが, すべてを法律で定めると煩雑（はんざつ）になります。そこで法律を執行（しっこう）するために, 内閣は**政令**を定めたりします。また, **省令**や**規則**が定められる場合もあります。

❷ (1) イ　(2) 行政改革　(3) 全体

解説

(1) **イ**裁判は行政機関の仕事ではなく, **司法権**を持つ**裁判所**の仕事です。

(2) **行政改革**として, **規制緩和**（かん・わ）や**民営化**, 公務員の削減などが行われました。規制緩和や民営化によって自由な競争が促進（そくしん）され, 価格の低下やサービスの向上がもたらされました。一方, 安全性がおろそかにされ, 消費者が被害（ひがい）を受けるといった問題が生じたこともあります。

(3) 日本国憲法第15条②は「すべて**公務員**は, **全体の奉仕者**（ほうししゃ）であつて, **一部の奉仕者ではない。**」と定めています。特定の業種や人々のためではなく, 国民全体のために働くことが求められています。

9 裁判所のしくみとはたらき

⇒ 本冊53ページ

❶ (1) 司法権　(2) A－良心　B－身分

解説

(1) 人と人との間では, 権利についての争いが起こることがあります。また, 傷害・窃盗（せっとう）などの犯罪が起こることもあります。法に基づいて争いを解決したり, 犯罪にあたる行為（こうい）があったかどうかを判断したりする権限が**司法権**です。司法権は**最高裁判所**と, **下級裁判所**（高等裁判所・地方裁判所・家庭裁判所・簡易裁判所）に属しています。

(2) 裁判は, 国会・内閣などから干渉（かんしょう）されず, **独立**して行う必要があります。そのため, 裁判官は自らの**良心**に従って**独立**して職権を行使することが認められています。また, 裁判官が簡単にやめさせられたりすると, 司法権の独立は保たれません。そこで裁判官の**身分**は保障され, 定年以外では, 心身の故障のために仕事を行うことができないと判断された場合や, 国会に設けられた弾劾（だんがい）裁判所の裁判で罷免（ひめん）が決定された場合, **最高裁判所裁判官**の国民審査（しんさ）で不適任とされた場合のほかは, やめさせられることはありません。

❷ (1) A－最高裁判所　B－地方裁判所
　　(2) ①上告（じょうこく）　②控訴（こうそ）　(3) 三審制（さんしんせい）

解説

(1) **A最高裁判所**は全国で1か所, **東京**に置かれています。法令が違憲（いけん）かどうかを判断する最終的な決定権を持つことから, 「**憲法の番人**」とよばれています。
　　B地方裁判所は各都府県に1か所ずつ, 北海道に4か所置かれています。ほとんどの刑事（けいじ）裁判の**第一審**が開かれます。民事裁判の第二審が開かれる場合もあります。

(2) 第一審の判決に不服の場合は上級の裁判所に**控訴**することができ, 第二審の判決に不服の場合はさらに上級の裁判所に**上告**することができます。このように, 同一の事件について, 3回まで裁判を受けることができます。

(3) 裁判所の判決が常に必ず正しいとは限らないので, 国民の人権を守り, 慎重（しんちょう）な裁判をはか

るために**三審制**がとられています。

10 裁判の種類

➡ 本冊 55ページ

❶ (1) **民事裁判** (2) A－**原告** B－**被告**

解説

(1) 利害関係の対立を裁く裁判なので**民事裁判**です。民事裁判では，図にあるように**和解**によって解決がはかられる場合もあります。

(2) ふつうは，**原告・被告**ともに**代理人**を依頼して裁判を行います。代理人には，一般に，法律実務を身につけた**弁護士**がなります。

❷ (1) X－**検察官** Y－**被告人**

(2) **裁判員**

解説

(1) X犯罪事件が起こると，**警察官**が捜査して**被疑者**(容疑者)が**逮捕**されます。逮捕から48時間以内に被疑者は**検察官**に送致され，勾留されます(誤認逮捕の場合は釈放)。その後，検察官や警察官が取り調べを行い，容疑が固まると，検察官は被疑者を**被告人**として裁判所に**起訴**します。

Y起訴された被告人は，**弁護人**を依頼することができます。また，**黙秘権**が認められ，**自白**だけでは有罪とされません。無罪の判決を受けたときは，**刑事補償**を請求する権利があります。

(2) **6人の裁判員**は**3人の裁判官**とともに裁判の審理にあたり，被告人や証人に直接質問したり，証拠を調べたりすることができます。有罪か無罪かを決め，有罪の場合にはどのような刑罰を科すかの**評決**を行いますが，意見が分かれた場合は多数決で決められます。

11 三権分立

➡ 本冊 57ページ

❶ (1) **三権分立** (2) **ウ**

解説

(1) 権力を1つの機関や一人の人物に集中させないしくみを**権力分立**といい，特に**立法権・行政権・司法権**に分けるしくみを**三権分立**といいます。日本の政治は三権分立を採用しています。

(2) 権力が集中すると，**独裁政治や専制政治**が行われ，国民の自由や権利が侵害されるおそれがあります。こうした事態を防ぐため，**三権分立**のしくみがとられています。

❷ (1) A－**立法権** B－**行政権**
C－**司法権**

(2) ①**ウ** ②**エ** ③**イ** ④**ア**

解説

(1) **国会**は法律を制定する**立法権**，**内閣**は国の実際の政治を行う**行政権**，**裁判所**は法に基づいて裁判を行う**司法権**を担当しています。

(2) ①内閣が国会を抑制するはたらきなので，**ウ**の**国会の召集**です。

②裁判所が国会を抑制するはたらきなので，**エの違憲立法の審査**です。裁判所は，具体的な事件の裁判を通じて，国会の定めた法律が憲法に違反していないかどうかを判断する**違憲立法の審査**を行います。また，図にあるように，内閣の行った行政処分についても，**違憲審査や違法審査**を行います。

③国民の多くが共有する意見で，**イの世論**です。内閣は国民の世論の動向なども考慮に入れて，政治を行います。

④国民が裁判所を抑制するはたらきですが，具体的には**最高裁判所の裁判官**に対するもので，**アの国民審査**です。**最高裁判所**の裁判官は，任命後最初の**衆議院議員総選挙**のときと，前回の審査から10年後以降の総選挙のときごとに，適任かどうかを国民によって審査されます。

12 地方自治

➡ 本冊 59ページ

❶ (1) **都道府県知事（知事）** (2) **ウ**

(3) **条例**

解説

(1) **首長**は地方公共団体の**執行機関**の長です。都道府県の首長は**知事**，市区町村の首長は**市区町村長**です。首長には，**予算**や**条例**案の作成，議決の拒否，議会の**解散**など，大きな権限が

あります。

(2) 地方公共団体では，市区町村長や都道府県議会議員・市区町村議会議員の被選挙権が**25歳**以上で，知事だけは**30歳**以上です。

(3) **条例**は法（きまり）の一種で，**法律**の範囲内で制定することができます。

❷ (1) ①学校　②直接請求権　(2) ウ

　　(3) 選挙管理委員会

解説

(1) ①地方自治を営むことを通じて，住民が自ら民主主義を学ぶことから，「**民主主義の学校**」といわれます。

　　②国の政治は**間接民主制（議会制民主主義）**が原則ですが，地方自治は住民自身が自ら行う政治なので，**直接民主制**に基づく制度がとり入れられています。その代表が**直接請求権**です。

(2) 請求に必要な署名数は，**条例の制定・改廃**と**監査**が有権者総数の**50分の1**以上，**議会の解散**と**首長・議員の解職**が有権者総数の**3分の1**以上となっています。

(3) 条例の制定・改廃は**首長**，監査は**監査委員**，議会の解散と首長・議員の解職は**選挙管理委員会**が請求先です。

13 地方公共団体の課題と住民参加
⇒ 本冊 61ページ

❶ (1) A－地方税　B－地方交付税交付金
　　C－国庫支出金

　　(2) ①イ　②エ

解説

(1) **A地方税**は，住民税が中心で，企業が納める事業税などもあります。

　　B地方公共団体の中には，経済規模が大きい東京都や大企業が立地している大都市など，地方税による収入が豊かなところがある反面，**過疎化**が進行して地方税による収入がのびなやんでいるところもあります。このような地方公共団体の間の収入格差を是正するため，国は**国税**の一定割合を**地方交付税交付金**として配分しています。

C公共事業や社会保障などについては，国が直接行うのではなく地方公共団体に委託する場合があります。この際，国は**国庫支出金**によって事業の補助を行います。したがって，国庫支出金は使いみちが指定されています。

(2) ごく一部の地方公共団体を除いて，ほとんどの地方公共団体は地方税などの**自主財源**の割合が小さく，国からの**補助金**に依存しています。

❷ (1) 地方分権　(2) 住民投票

解説

(1) 1999年に**地方分権一括法**が成立し，国の仕事の多くが地方公共団体に移されました。財源の一部も移されましたが，地方公共団体の中にはさらに**財源委譲**を求める声があります。

(2) **住民投票**は，住民全体の意思を明らかにする方法として有効です。1996年以降，原子力発電所や産業廃棄物処理場などの特定施設の建設，市町村合併，アメリカ軍の基地建設のための埋め立て，自衛隊の部隊配備などの賛否が問われました。投票結果には法的拘束力はありませんが，首長や議会は住民の意思を尊重する必要があります。

おさらい問題
⇒ 本冊 62・63ページ

❶ (1) 三権分立　(2) 普通選挙

　　(3) ア　(4) 閣議

　　(5) 裁判員　(6) 国民審査

　　(7) ①エ　②イ

解説

(1) 権力を**立法権・行政権・司法権**に分け，それぞれを**国会・内閣・裁判所**が担当することで，抑制と均衡をはかっています。

(2) **普通選挙**は，民主的な選挙の基本原則の1つです。普通選挙の反対が，納税額などによる**制限選挙**です。

(3) **常会（通常国会）**では，次年度の**予算**が審議されます。

(4) **閣議**は，**内閣総理大臣**とすべての国務大臣が出席して開かれます。

(5) **裁判員**はくじで選ばれ、裁判官とともに**評議**や**評決**を行います。

(6) **国民審査**で不適任とされた裁判官は、やめさせられます。

(7) ①衆議院が**内閣不信任**の決議を行ったときや、内閣が必要と判断したときなどに、衆議院が**解散**されます。

　②重大なあやまちのあった裁判官をやめさせるかどうかを判断するため、**国会**に**弾劾裁判所**が設置されます。弾劾裁判で罷免が決まると、裁判官はやめさせられます。

❷ (1) 小選挙区比例代表並立制

(2) イ　(3) 議院内閣制

(4) 地方税　(5) エ

［解説］

(1) 1つの選挙区から一人を選出する**小選挙区制**で289人、**政党**の得票数に応じて議席を配分する**比例代表制**で176人が選出されています。

(2) **国務大臣**は、過半数が**国会議員**であれば、残りは民間から選んでも構いません。

(3) **議院内閣制**は、日本やイギリスなどで採用されています。

(4) **地方税**は、地方公共団体の**自主財源**の中心です。しかし、自主財源の不足になやむ地方公共団体が少なくありません。

(5) **知事**と**参議院議員**の被選挙権は**30**歳以上です。**ア～ウ**は25歳以上です。

4章
私たちの暮らしと経済

1 消費生活

➡ 本冊 65ページ

❶ (1) ①企業　②政府

(2) A－エ　B－ア

［解説］

(1) 図に示されている3つの主体のうち、家計は消費を中心とする経済活動、①の企業は**生産**を中心とする経済活動を行っています。②の政府は、**公共事業**を行ったり、**公共サービス**を提供するなど、社会全体に関する経済活動を担っています。

(2) **A**企業から家計への**賃金**に対応するので、**エ**の**労働力**があてはまります。家計は労働力を提供することによって、給料などの**給与所得**を得ています。

　B アの**税金**は、政府が様々な行政の仕事を進めるために必要な資金で、国民には**納税の義務**があります。家計からは**所得税**や**消費税**など、企業からは**法人税**などが納められています。

❷ (1) 消費支出　(2) イ

［解説］

(1) **消費支出**は、家計の支出の中心となる支出です。近年は、**交通・通信費**や教養・**娯楽費**の支出の割合が大きくなってきています。なお、**税金や社会保険料**の支払いは**非消費支出**といいます。

(2) **イ**の家賃の支払いは、消費支出のうちの住居費にふくまれます。

2 消費者の権利と保護

➡ 本冊 67ページ

❶ (1) 契約　(2) 貨幣

［解説］

(1) 現代社会は様々な**契約**によって成り立っていますが、商品の購入についても、文書を交わさない場合でも契約がなされています。

(2) 商品の代金の支払いは、紙幣・硬貨などの**貨幣**を用いた**現金**払いがふつうです。しかし、最近は**情報通信技術（ICT）**の発達にともなって、ICカードで電車・バスに乗ったり、**スマートフォン**で支払いをするなど、様々な便利な支払い方法が登場しています。また、代金後払いの**クレジットカード**もよく利用されています。このような現金を使わない**キャッシュレス**が急速に普及してきています。

❷ (1) ①消費者基本法
②製造物責任法〔PL法〕

(2) クーリングオフ

解説

(1) ①1968年に制定された**消費者保護基本法**を2004年に改正し，消費者保護についての政府(国・地方公共団体)の責務を明記しています。

②以前は，消費者が製品の欠陥によって被害を受けたとき，製造した企業の**過失**を証明しなければなりませんでした。**製造物責任法**では，企業に過失がなくても，商品の欠陥によって被害が生じたときは**賠償**の義務を課しています。

(2) **クーリングオフ**は，訪問販売や電話勧誘などで業者の言い分に乗せられて購入してしまったときに，冷静に考え直す期間を与える制度です。その期間は**8日以内**(マルチ商法は20日以内)で，不要と判断した場合は無条件に契約を解除することができます。

3 流通

→ 本冊69ページ

❶ (1) 流通 **(2)** 卸売業者 **(3)** 小売業者

(4) 商業 **(5)** ビッグデータ

解説

(1) 図の流れが一般的な流通の経路ですが，野菜などの生鮮食料品は，**卸売市場**でせりにかけられます。また，消費者が生産者から直接購入する場合もあります。最近は，**インターネットショッピング**などの通信販売がさかんになっています。

(2) 代表的な**卸売業者**は，**問屋**や**総合商社**などです。大量の商品を生産者から仕入れるので，規模は大きいのが普通です。

(3) **小売業者**は，個人経営の小規模な商店のほか，**スーパーマーケット・デパート**(百貨店)・**コンビニエンスストア**などがあります。スーパーマーケットの売り上げが最も多く，デパートの売り上げは年々低下してきています。一方，利便性の高いコンビニエンスストアの売り上げは年々上昇しています。また，インターネットを利用

した**通信販売**の売上額はデパートを上回るまでにのびてきています。

(4) 代表的な**商業**が卸売業と小売業で，流通を支えています。

(5) 企業は**ビッグデータ**を使って，**消費者**の好みに合った**商品**を開発しています。ただし，消費者には，**個人情報**がどのように使われているか不明なので，個人情報の保護が**情報社会**における課題になっています。

4 企業の種類

→ 本冊71ページ

❶ (1) ①利潤〔利益〕 ②公共

(2) a－個人 b－法人 **(3)** ア

解説

(1) ①**利潤**は利益のことで，**私企業**はより多くの利潤を獲得するため，**技術革新**を進めるなどして**競争**しています。

②**公企業**は，利潤の追求を直接の目的とはしていません。過疎地域での交通事業など，私企業が進出しない事業を営むなど，**公共**の目的の実現を第一としています。

(2) a経済が成長し，**自由競争**が進むにつれて，小規模な個人経営の**個人企業**はしだいに少なくなる傾向にあります。

b**法人企業**の代表は**株式会社**です。

(3) **ア**の新聞社は私企業で，ほとんどが株式会社です。**イ・ウ**の市営バスや水道事業は，都道府県・市町村の**地方公営企業**の仕事です。**エ**の造幣局は**独立行政法人**で，公企業です。

❷ A－商品 B－環境

解説

A企業の仕事は商品を売ることですが，**利潤**の追求だけを重視して**安全性**に問題のある商品を売ることは許されていません。工場は**安全な商品**を生産することが求められており，交通機関などは安全な運行が求められています。

B1960年代，利潤を優先させた生産活動が展開された結果，各地で**公害問題**が深刻になりました。その反省から，公害などの環境破壊を生じないことが企業の大切な方針とされました。最近は，地域の自然環境の保全に限らず，**地球温暖**

化の防止をはじめとして**地球環境問題**に取り組む企業も増えてきています。

5 株式会社のしくみ

⇒ 本冊 73ページ

❶ (1) 株式会社 (2) 株主

(3) 株主総会 (4) 配当

解説

(1) **株式会社**は，比較的少額の**株式**を大量に発行して多くの人から資金を集めるので，多額の**資本**を集めるのに適しています。

(2) **出資者**である**株主**は，会社が倒産した場合は，購入した株式の額つまり**出資額**の範囲でのみ損失を負います。

(3) **株主総会**は原則として毎年開かれ，会社の基本方針を決めるとともに，**取締役**や**監査役**を選任します。選ばれた取締役からなる**取締役会**が，実際の経営にあたります。

(4) 株式会社は利益が生じると，その一部を次の事業のために使い，株主には株式数に応じて**配当**を与えます。

❷ (1) ①独占 ②寡占 (2) エ

解説

(1) 企業が**競争**をするうちに，競争に負けた企業が脱落します。新規に参入する企業が増えないと，競争力のある企業によって**独占**や**寡占**が形成されます。

(2) 独占や寡占が形成され，**自由競争**が行われなくなると，大きな利益を得るために**独占価格**が設定されるなどして，消費者が不利益をこうむります。このような独占の弊害を防ぐための法律が**独占禁止法**で，**内閣府**に属する**公正取引委員会**が運用にあたっています。

6 労働と労働者の権利

⇒ 本冊 75ページ

❶ (1) 労働組合 (2) 労働基準法

解説

(1) **労働者**は，工場・設備などを所有して労働者を雇用している**使用者**に対して，個人では弱い立場です。そこで多くの労働者が団結して，労働組合を結成します。労働組合をつくる**団結権**は**日本国憲法**や**労働組合法**によって保障されています。労働組合は，これも憲法によって保障されている**団体交渉権**に基づいて，使用者と**労働条件**などについて協議します。場合によっては，これも憲法で保障されている**団体行動権**(争議権)に基づいて**ストライキ**を行ったりします。

(2) **労働基準法**は1947年に公布され，1日8時間，1週40時間以内の労働時間や毎週少なくとも**1回の休日**，**最低年齢**，未成年者の**深夜業**の禁止などを定めています。また，**男女同一賃金**の原則や強制労働の禁止なども定めています。この労働基準法と，**労働組合法・労働関係調整法**をまとめて**労働三法**といいます。

❷ (1) 終身雇用制 (2) 非正規雇用 (3) エ

解説

(1) **終身雇用制**と**年功序列賃金**は，かつての日本の雇用の特色でした。しかし，国際的な競争の激化や長引く**不況**(不景気)，グローバル化の進展などにともなって，終身雇用制と年功序列賃金を見直して，**成果主義**を取り入れる企業が増えました。また，労働力不足に対応するため，**外国人労働者**を雇用する企業も増えています。

(2) **非正規雇用**は正規雇用以外の形態の雇用で，様々な産業で広くとり入れられています。非正規雇用では，労働組合が結成されていない場合が多くなっています。

(3) 全労働者に占める非正規雇用の割合は年々増大し，約4割に達しています。雇われる側にとっては，時間・場所などを自由に選択できる利点があります。一方，雇う側にとっては**賃金**(**人件費**)を低く抑えることができます。こうした理由などから，非正規雇用の労働者は増加しています。最近は，正社員と非正規雇用社員の賃金などの**格差**が問題になっています。

7 市場経済のしくみ

⇒ 本冊 77ページ

❶ (1) 市場 (2) 市場経済

解説

(1) **市場**は，一般的な商品の**商品市場**のほか，農

畜産物・水産物などの卸売市場，株式・証券などの金融市場など，様々です。グローバル化の進んだ現代では，世界全体を見た**世界市場**といった使われ方もします。

(2) **市場経済**は，現代のほとんどの国で経済の基本的なしくみとして取り入れられています。

❷ ①ア　②エ　③オ　④ク

【解説】

①②3月から5月にかけては，きゅうりの入荷量は増加しています。入荷量が増加している期間中の3月から5月にかけての**平均価格**は下落しています。

③④きゅうりの**入荷量**が80百t以上なのは5月と8月だけです。両月とも**平均価格**は300円未満です。

8 市場経済と価格のはたらき

→ 本冊79ページ

❶ (1) A　(2) 均衡価格　(3) 市場価格

【解説】

(1) Aは価格が低いほど量が増えています。Bは価格が高いほど量が増えています。言い換えると，価格が安いと買いたい量が増えるので，Aは**需要量**を示す曲線です。一方，価格が高いと売りたい量が増えるので，Bは**供給量**を示す曲線です。

(2) 需要曲線と供給曲線の交点のXは，需要量と供給量がつり合った状態の価格なので**均衡価格**といいます。

(3) 市場における**需要量と供給量の関係**で決まる価格が**市場価格**です。市場経済のもとでは，価格の動きによって需要量や供給量が変動します。価格が高いとき，消費者は需要量を減らそうとし，生産者は供給量を増やそうとします。価格が低いときは，消費者は需要量を増やし，生産者は供給量を減らします。

❷ (1) 公共料金　(2) ①オ　②ア　③ウ

【解説】

(1) 鉄道・電気・都市ガス・水道など国民の生活に深い関わりをもつ事業は，それぞれの地域で供給する企業の**独占**状態であることがほとんどです。これらのサービスは住民に安定して供給する必要があるため，一定の独占状態が認

められている代わりに，価格については国や地方公共団体が決定・認可することになっています。こうしたサービスの価格が**公共料金**です。

(2) ③公営**上下水道**は，**都道府県**や**市町村**が建設・管理・運営しています。

9 貨幣と金融のはたらき

→ 本冊81ページ

❶ (1) 預金通貨　(2) 間接金融

(3) 利子〔利息，金利〕

【解説】

(1) 買い物の支払いは，**貨幣(通貨)**による現金払いが普通です。このときは**現金通貨**が用いられています。しかし，高額な買い物や投資・融資などの場合には，現金ではなく，銀行口座から銀行口座に現金を移動させる振り込みの方法が用いられます。このときに使われるのが銀行口座にある**預金通貨**です。日本の通貨全体では，90%以上が**預金通貨**です。

(2) 銀行などの**金融機関**が仲立ちをして，間接的に資金を調達するので**間接金融**です。一方，企業などの借り手が**株式・債券**を発行して直接資金を調達する方法は**直接金融**です。日本では，以前は間接金融が中心でしたが，近年は直接金融で資金調達をする企業が増えています。

(3) 家計や企業が銀行から資金を借りた場合，借り手は銀行に対して，借り入れた金額(元金)を期限内に返済するとともに，一定期間ごとに**利子**(利息)を支払う必要があります。元金に対する利子の比率(利子率・利率)は，**貸し出しの利子率が預金の利子率**を上回っています。この差額が銀行などの金融機関の利益(利潤)になります。

❷ (1) 中央銀行

(2) ①政府の銀行　②銀行の銀行

(3) 発券銀行

【解説】

(1) 世界各国には，それぞれ国の金融の中心となる**中央銀行**があります。日本の中央銀行は日

17

本銀行です。中央銀行は，国の経済状況など
をもとに発行する**通貨量**を調節しています。こ
の制度を**管理通貨制度**といいます。

(2) ①日本銀行は国の資金を預金として預かり，
政府に代わって公共事業の代金を支払った
り，年金を給付したりしています。
②日本銀行は一般の銀行から資金を預かった
り，資金を貸したりします。また，銀行間の
支払いの手助けもしています。

(3) 一万円札などの**紙幣**は**日本銀行券**といいます。
日本銀行は，紙幣を発行することができる唯
一の**発券銀行**です。なお，五百円・百円などの
硬貨は**財務省**が発行しています。

10 景気と金融政策

→ 本冊 83ページ

❶ (1) A－好景気（好況）
B－不景気（不況）

(2) ウ，エ

(3) ① X－イ　Y－ウ　Z－カ
②金融政策（公開市場操作）

解説

(1) **A**は経済活動が活発な時期，**B**は経済活動が
停滞している時期です。

(2) 好景気のときは，設備投資がさかんになって
生産が拡大します。生産が拡大すると企業の
利益が増大し，**賃金**が上昇します。**ア・イ**は不
景気のときの特色です。

(3) ①不景気のときは，景気を刺激して**資金量(通
貨量)**が増えるような政策をとります。よって，
Yは**ウ**の増えるがあてはまります。日本銀行
が民間の銀行から**国債**を購入すると，その
代金として資金(通貨)が日本銀行から民間
の銀行に移動し，民間の銀行の資金量(通
貨量)が増えます。よって，**X**は**イ**の買うが
あてはまります。民間の銀行は保有する資
金量が増えると，企業や家計が資金を借り
やすくするため，**金利(利子率)**を下げます。
よって，**Z**は**カ**の下げるがあてはまります。
②日本銀行は**金融政策**を通じて，景気の調節
や物価の安定をはかっています。最近の日
本銀行の金融政策は，**国債**などの売買によ

って資金量(通貨量)を調節する**公開市場操
作**が中心です。

11 為替相場

→ 本冊 85ページ

❶ (1) 為替相場〔為替レート，外国為替
相場〕　(2) 円高　(3) 輸出

(4) 円安　(5) 輸入

解説

(1) **為替市場**において，各国の通貨は交換されて
おり，**為替相場**は日々刻々変化しています。為
替相場は，1970年代前半までは**固定相場制**
でしたが，その後は各国の経済状況などを反
映して変化する**変動相場制**となっています。

(2) 円をもっている人から見れば，100円であった
1ドルの商品を80円で買えるので，円の価値
が上がったことになります。したがって，**円高**
となります。これをドル安という場合もあります。

(3) 1ドル＝100円のときに日本で200万円の自
動車は，アメリカでは2万ドルで販売されます。
1ドル＝80円の円高になると，アメリカでの販
売額は2万5000ドルになるので，買う人が減
ると予想されます。よって，円高のときは**輸出
が不利**になります。

(4) 円高のときと逆で，110円で買うことができた
1ドルの商品が，135円出さなければ買えなく
なるので，円の価値が下がります。したがって，
円安となります。

(5) 円安のときには，輸入するものの日本での価
格が上がるので，買う人が減ると予想されます。
よって，円安のときは**輸入が不利**になります。

❷ ①ア　②空洞化

解説

①1ドル＝200円台であったのが1ドル＝120円
台になったのだから，たいへんな円高です。日本
の輸出の中心であった**自動車**や**電気機械**などの
企業は大きな打撃を受けました。この事態を打
開するため，アメリカに**現地工場**を設立し，そこ
で生産した製品をアメリカ国内で販売する企業
が増えました。言い換えると，日本国内の工場を
海外に移転する企業が増えたということです。

②工場を海外に移転すると，日本国内の工場の役割は低下します。そのため，国内の工場を閉鎖する企業が増えました。こうした傾向が続くと，日本国内の産業がなくなってしまうことから，**産業の空洞化**といわれました。

12 財政のはたらき

→ 本冊 87ページ

❶ (1) A－財政　B－消費　C－生産

(2) イ

解説

(1) **A**は**政府**の経済活動なので，**財政**です。**B**は**家計**の経済活動なので**消費**，**C**は**企業**の経済活動なので**生産**です。家計・企業は政府に**税金**を納めています。

(2) 政府が家計・企業に提供しているので，**イの公共サービス**があてはまります。公共サービスには，**警察・消防・教育・医療**などがあり，利潤の追求を第一の目的とする私企業によっては提供されにくいサービスです。

❷ (1) 直接税　(2) 累進課税　(3) 間接税

解説

(1) **直接税**は，税金を負担する人が直接納める税です。国税のうち，**所得税・法人税・相続税**などが直接税です。地方税では，**道府県民税・市町村民税**や**事業税**，**固定資産税**が直接税です。

(2) **累進課税**は，支払い能力に応じて税を負担するしくみです。所得の多い人ほど高い税率を課すことにより，**所得の再分配**や**経済格差の是正**をはかる役割を果たしています。

(3) **間接税**は，税金を負担する人と別の人が税金を納めます。すべての**財**や**サービス**の購入に課せられている**消費税**が間接税の代表で，消費者は商品を買ったときに価格の一定割合(2020年現在は原則**10%**)を税として負担しています。その税を納めるのは業者の役割です。消費税などの間接税は所得の多い少ないに関係なく同一の税率なので，所得の少ない人ほど税負担の割合が高くなる**逆進性**の問題があります。

13 財政政策

→ 本冊 89ページ

❶ (1) ①予算　②社会資本

(2) a－歳入　b－歳出　(3) イ, ウ

解説

(1) ①**予算**は**内閣**が作成して**国会**に提出し，国会で議決されて成立します。

②**社会資本**には，道路・港湾などの生産関連の社会資本と，上下水道・公園・病院・学校などの生活関連の社会資本とがあります。

(2) a 国の歳入は**租税・印紙収入**が中心ですが，それだけでは不足するので**公債(国債)**を発行して補っています。

b 国の歳出には，国債の返済のために必要な**国債費**や地方公共団体に配分する**地方交付税**，社会保障関係費，公共事業関係費，防衛関係費などがあります。

(3) **金融政策**の場合と同じで，**不景気**のときは資金量(通貨量)が増大するような政策がとられます。**イ**の減税を実施すると，家計や企業が自由に使える資金が増えます。**ウ**の財政支出の拡大を実施すると，公共事業などが進められて，関連企業の収入が増えるとともに，雇用が改善されることが期待されます。

❷ (1) 公債　(2) 国債　(3) ア

解説

(1) 収入不足を補うため，政府が発行する債券が**公債**です。

(2) 国が発行する公債が**国債**，地方公共団体が発行する公債が**地方債**です。

(3) **社会保障関係費**などの一般歳出が増大する一方で，長引く不景気によって税収がのびなやんだため，税収だけでは必要な**財政支出**をまかなうことが不可能になりました。そこで毎年，多額の国債が発行されています。国債は期日までに元金と利子を返済する必要があるので，歳出に占める**国債費**の割合が増大し，さらなる国債の発行をまねく事態になりました。こうして，**国債残高**は増加する一方になっています。

14 社会保障のしくみ

→ 本冊91ページ

❶ (1) 生存権

(2) ①社会保険　②公的扶助
　　③社会福祉　④公衆衛生

解説

(1) 日本国憲法第25条①は「すべて国民は，**健康で文化的な最低限度の生活**を営む権利を有する。」と定め，**生存権**を保障しています。さらに②で「国は，すべての生活部面について，**社会福祉，社会保障**及び**公衆衛生**の向上及び増進に努めなければならない。」と定めています。

(2) ①**医療保険・年金保険・雇用保険・労災保険**があります。また，2000年から40歳以上のすべての国民が加入する**介護保険制度**が導入されており，**施設サービス・居宅サービス・地域密着型サービス**が提供されています。
　②**生活保護法**に基づき，生活扶助・住宅扶助・教育扶助・医療扶助などがあります。
　③社会的弱者の生活を保障し，その福祉を進めることが目的です。**高齢者福祉・障がい者福祉・母子福祉・児童福祉**などがあります。
　④**感染症対策**や**上下水道整備**のほか，**廃棄物処理，公害対策**などを進めています。

❷ (1) A－イ　B－ア　C－ウ

(2) 少子高齢〔高齢〕

解説

(1) **A**定年後の高齢者の生活を支える**年金**に対する給付です。
　B病気・けがなどの治療を行う**医療**に対する給付です。
　C高齢者福祉や障がい者福祉などに対する給付です。

(2) **A～C**のどの給付額も増大しているが，特に**年金**と**医療**の給付額の占める割合が大きくなっています。高齢化が進むと，給付する年金額は年々増大します。また，高齢になると病気をしやすくなるので，医療の給付額も増大します。

15 環境保全

→ 本冊93ページ

❶ (1) A－新潟水俣病
　　B－イタイイタイ病
　　C－四日市ぜんそく
　　D－水俣病

(2) B－ウ　C－ア　D－イ

解説

(1) **A新潟水俣病**は，阿賀野川流域で発生しました。
　Bイタイイタイ病は，富山県の神通川流域で発生しました。
　C四日市ぜんそくは，三重県四日市市で発生しました。
　D水俣病は，熊本県と鹿児島県の八代海沿岸で発生しました。

(2) **B**鉱山の施設から流出したカドミウムが原因になりました。
　C石油化学コンビナート群から排出された亜硫酸ガスが原因になりました。
　D化学肥料工場の排水にふくまれていたメチル水銀が原因になりました。

❷ (1) 公害対策基本法

(2) 環境庁　(3) 環境基本法

(4) 環境省

解説

(1) **公害対策基本法**では，**大気汚染・水質汚濁・土壌汚染・騒音・振動・悪臭・地盤沈下**といった公害の種類が定められました。

(2) **環境庁**は，環境基準の設定や公害防止のための規制などがおもな仕事でした。

(3) **産業廃棄物**などのごみ処理や**リサイクル**の取り組み，地球温暖化などの**地球環境問題**，生態系の保全などの新しい内容をふくむとともに，国や地方公共団体，事業者，国民の責務を定めています。

(4) 省庁再編にともなって，**環境庁**が**環境省**に格上げされました。

おさらい問題

→ 本冊 94・95ページ

❶ (1) 社会資本　(2) 財政　(3) ウ

(4) ア　(5) 労働基準法

(6) ①所得税　②消費税

解説

(1) **社会資本**は私企業が提供できなかったり，利潤が少なくて提供しにくいものなので，政府が**公共事業**などによって提供しています。

(2) 財政には，**所得の再分配，景気の安定化，資源配分の調整**といった機能があります。

(3) 消費支出は，日常生活に必要なものの購入にあてられる支出のこと。貯蓄は，将来の支出に備える蓄えのことです。

(4) 日本銀行が一般の銀行から国債を買うと，一般の銀行の保有する資金量(通貨量)が増大します。そのため，銀行から企業などへの貸し付けが増え，景気を刺激する作用があります。**ウ**は景気が過熱して**インフレーション**が生じているときに日本銀行が行う金融政策です。**イ・エ**は政府が行う財政政策です。

(5) **労働基準法**は労働条件の最低基準を定め，**労働組合法・労働関係調整法**とともに**労働三法**といわれます。

(6) ①**所得税**は個人の所得に課せられる税で，所得が多いほど税率が高くなる**累進課税**が適用されています。

②**消費税**は商品の購入に課せられる**間接税**です。

❷ (1) 流通　(2) 市場価格　(3) 寡占

(4) イ　(5) 消費者庁　(6) エ

解説

(1) 一般的な**流通**経路は，生産者→**卸売業者**→**小売業者**→消費者です。

(2) 需要量が供給量を**上回る**と価格が**上がり**，需要量が供給量を**下回る**と価格が**下がり**ます。

(3) **寡占**は，**少数の企業に生産が集中**している状態です。

(4) **イ**の野菜の価格は，公共料金ではなく，**市場価格**です。

(5) 2009年に設置されました。

(6) **ア**は国民の健康と安全な生活の保持・増進をはかる制度。**イ**は生活が困難な人に生活費などを支給する制度。**ウ**はかけ金や保険料を徴収し，必要が生じたときに給付する制度。

5章
国際社会と私たち

1 国際社会と国家

→ 本冊 97ページ

❶ (1) ①排他的経済水域　②公海

(2) イ

解説

(1) ①**排他的経済水域**内の**水産資源**や**鉱産資源**については，沿岸国が利用する権利をもっています。島国の日本は，国土面積のわりに排他的経済水域が広大です。

②**公海**は排他的経済水域の外側で，だれもが自由に航行したり，漁業活動を行ったりすることができます。これを公海自由の原則といいます。

(2) 領海は海岸線から**12海里**と定められています。一方，排他的経済水域は海岸線から**200海里**の範囲です。

❷ (1) A－ア　B－エ

(2) 領土－北方領土　国－ウ

解説

(1) 日本は南北に細長い島国なので，国土の範囲は世界でも広い方です。**A**の沖ノ鳥島は，北緯20度付近に位置しています。**B**の与那国島は，東経122度付近に位置しています。

(2) 北方領土は，**択捉島・国後島・色丹島・歯舞群島**からなります。第二次世界大戦末に旧ソ連軍が占領し，ソ連が解体されたのちは**ロシア**が占拠しています。

2 国際連合のしくみと役割

→ 本冊99ページ

❶ (1) 総会　(2) ①フランス　②拒否権

(3) ①WHO（世界保健機関）
②UNESCO（国連教育科学文化機関）

解説

(1) 総会はすべての加盟国からなり，1国1票の投票権をもっています。毎年，定期総会が開かれます。開発・環境，人権，軍縮などを議題として**特別総会**が開かれることもあります。

(2) ①国際連合は第二次世界大戦の**連合国**が中心になって設立され，連合国の大国が**安全保障理事会**の**常任理事国**になりました。

②一般的な議案は15か国中9か国の賛成で決まりますが，重要な議案は5常任理事国のすべてをふくむ15か国中9か国の賛成で決まります。つまり，常任理事国の1国でも反対すれば，その議案は否決されることになります。この権限が**拒否権**です。

(3) ①各国民の健康の増進を主な目的として活動しています。最近では，感染症の予防と対策に力を入れています。

②教育・科学・文化の交流を通じて，世界の平和を実現することを目的としています。**世界遺産条約**に基づき，**世界遺産**の登録に関する調査などを行っています。

3 地域主義の動きと経済格差

→ 本冊101ページ

❶ (1) 地域主義

(2) ① EU（ヨーロッパ連合）
② ASEAN（東南アジア諸国連合）

解説

(1) グローバル化の進展にともなって国際競争が激しくなると，地域統合によって国や地域の利益を守ろうとする動きが強まりました。これが**地域主義**で，**リージョナリズム**ともいいます。

(2) ①1967年に発足した**EC（ヨーロッパ共同体）**が発展し，加盟国は12か国まで増えました。1993年，ECを発展させた**EU**が発足し，加盟国は28か国にまで増えましたが，国民

投票によって2020年に**イギリス**が離脱しました。

②**ASEAN**は，東南アジアの10か国が経済・政治の協力を進めるために結成しました。日本と中国・韓国は「**ASEAN＋3**」の会合に参加しています。

❷ (1) 南北問題　(2) 南南問題

解説

(1) 工業の発達した**先進国**は北半球に多く，開発の遅れている**発展途上国**は赤道付近や南半球に多いことから，**南北問題**とよばれます。

(2) 発展途上国の中には，石油などの**資源**にめぐまれ，国民の生活水準が比較的高い国があります。また，**BRICS**とよばれる**ブラジル・ロシア・インド・中国・南アフリカ共和国**のように，急速な工業化をなしとげて，経済が大きく成長している国もあります。一方，資源にめぐまれず，工業化が遅れている国もあります。このような発展途上国間の経済格差の問題を**南南問題**といいます。

4 地球環境問題

→ 本冊103ページ

❶ (1) ウ　(2) 温室効果ガス　(3) ア

(4) ①京都　②パリ　(5) 化石燃料

解説

(1) 失業は働く意志と能力があるにもかかわらず，職業についていない状態のことで，**景気変動**などの経済的な原因から生じます。**ア**の酸性雨は，工場・自動車から排出された**窒素酸化物**や**硫黄酸化物**が大気中で化学変化し，酸性の強い雨となって降る現象で，森林が枯れたり，湖沼の生物が死滅したりしてしまいます。**イ**の**熱帯林の破壊**は，無計画な伐採や，道路・鉱山などの開発が原因です。**エ**の砂漠化の進行は，乾燥した地域で人口増加にともなって**過耕作・過放牧**が行われたために生じます。

(2) 温室効果ガスが地球をおおうため，**温室効果**によって地表の温度が上昇します。

(3) 二酸化炭素が代表的な温室効果ガスで，石油・石炭などを燃やした際に発生する場合と，二酸化炭素を吸収して酸素をつくる森林が減少

した場合などに増加します。ほかに**メタン**や，オゾン層破壊の原因物質である**フロン**も，高い温室効果ガスを持っています。

(4) ①**京都議定書**は，数値を定めて**先進国**に温室効果ガスの排出量の削減を義務づけた点で画期的でした。しかし，当時最大の二酸化炭素排出国であった**アメリカ**が離脱し，急速な経済成長にともなって排出量が増えていた**中国・インド**などの発展途上国は除外されていました。

②**パリ協定**は2020年以降の地球温暖化対策を定めた協定で，先進国・発展途上国のすべての国に温室効果ガスの排出量削減を義務づけた枠組みです。世界の平均気温の上昇を，**産業革命**が進行する以前から2℃より充分低くする目標を掲げています。

(5) **化石燃料**は，燃焼時に大量の二酸化炭素を発生させ，**地球温暖化**を進行させる面があります。さらに，化石燃料は，いずれは枯渇します。こうした点から，二酸化炭素を排出せず，枯渇することのない**再生可能エネルギー**への転換が求められています。

5 地域紛争と難民問題

➡ 本冊 105ページ

❶ (1) A－イ　B－エ　(2) 難民
(3) ウ

解説

(1) **A**アラブ系の**パレスチナ人**が住んでいた土地に，第二次世界大戦後，**ユダヤ人**の**イスラエル**が建国されたことで起こった問題です。数回にわたって中東戦争が起こったこともあり，現在も解決にいたっていません。

Bテロリストが，ハイジャックした航空機をニューヨークの高層ビルなどに激突させて起こりました。このテロに対する報復として，アメリカは**アフガニスタン**を攻撃しました。

(2) 内戦が激しくなると，おびただしい数の**難民**が発生します。難民の多くがヨーロッパへ渡航しようとしたため，ヨーロッパ諸国内では難民の流入に反対する動きも強まりました。

(3) ＵＮＨＣＲは**国連難民高等弁務官事務所**のことです。難民の地位に関する条約などに基づいて，難民の保護や難民に関する諸問題の解決を主な仕事としています。**ア**は国連教育科学文化機関(ユネスコ)，**イ**は国連児童基金(ユニセフ)，エは**国際労働機関**の略称です。

❷ ①**核拡散防止条約〔NPT〕**
②**核兵器禁止条約**

解説

①**核拡散防止条約**には，大国による核兵器の独占である，という批判もありました。

②非政府組織(ＮＧＯ)の運動を土台として起草され，2017年7月，国連において122の国・地域の賛成多数で採択されました。

6 国際社会における日本の役割

➡ 本冊 107ページ

❶ (1) 平和　(2) 非核三原則
(3) ①ODA　②ア

解説

(1) 日本国憲法の前文と第9条で，徹底した平和主義を定めています。

(2) 1971年，国会で**非核三原則**が決議されました。

(3) ①政府開発援助のことです。先進国の政府による経済援助で，無償の支援，技術協力，返済の必要な貸し付けなどがあります。

②かつては東アジアや東南アジアが支援先の中心でしたが，近年は**アフリカ**諸国や**中東**諸国への援助も増えています。

❷ (1) 持続可能な開発目標〔SDGs〕
(2) 発展途上国

解説

(1) 2015年に国連で採択され，17の具体的な目標を掲げています。

(2) **貧困**や**飢餓**に苦しめられているのは，先進国よりも発展途上国です。このほか，**質の高い教育**や**安全な水の確保**も発展途上国にとって切実です。

おさらい問題

❶ (1) ①難民　②SDGs

(2) ウ　(3) PKO

(4) 南南問題　(5) 政府開発援助

解説

(1) ①UNHCRは**国連難民高等弁務官事務所**のことです。

　　②**持続可能な開発目標**のことです。2015年に国連で採択された「持続可能な開発のための2030アジェンダ」に記載された，2030年までに持続可能でよりよい世界をめざす国際目標のことです。17の目標が掲げられ，地球上で「誰一人取り残さない」ことを誓っています。SDGsは発展途上国だけでなく先進国自身が取り組む課題であり，日本も積極的に取り組んでいます。

(2) **X**は竹島です。**韓国**が実効支配しており，日本政府は不法な占拠として抗議しています。

(3) 国連の**平和維持活動**のことです。日本では，1992年に**PKO協力法**が成立し，**自衛隊がカンボジア**へ派遣されました。

(4) 南北問題が発展途上国と先進国の**経済格差**の問題であるのに対し，南南問題は発展途上国の間の経済格差の問題です。発展途上国の中には，石油などの資源にめぐまれている国がある一方で，資源にめぐまれない国もあります。

(5) ODAは**政府開発援助**の略称です。日本の政府開発援助(ODA)は，かつては金額が世界第1位のことがありました。現在も世界有数の額ですが，**GNI(国民総所得)**に占める割合が低いといわれています。

❷ (1) ①オ　②イ　(2) EU (ヨーロッパ連合)

(3) ア

解説

(1) ①**オ**はニューヨークです。2001年に**同時多発テロ**が起こりました。

　　②1990年，**イラク**がクウェートに侵攻したのに対し，翌年，**アメリカ**を中心とする多国籍軍がイラクを攻撃しました。このできごとが湾岸戦争です。

(2) **A**はドイツ，**B**はフランスです。EUの域内では，人やもの・資本の移動が自由です。

(3) **APEC**は**アジア太平洋経済協力会議**の略称です。**C**は中国，**D**はアメリカです。なお，**イ**は**東南アジア諸国連合**，**ウ**はアメリカ・メキシコ・カナダ協定，**エ**は**石油輸出国機構**の略称です。

❸ (1) 地球温暖化　(2) ウ

解説

(1) 図中の温室効果ガスに着目します。

(2) **化石燃料**は，地球の古い年代の動植物の死骸が堆積し，長い年月をかけて化石となったもので，燃料として広く利用されています。しかし，燃焼時に温室効果ガスの二酸化炭素を大量に排出します。また，太陽光などの**再生可能エネルギー**と違って，いつかは枯渇するという問題もあります。**ア**は原子力発電，**イ**は太陽光・風力発電の問題点です。